아이가 주인공인 책

아이는 스스로 생각하고 성장합니다.
아이를 존중하고 가능성을 믿을 때
새로운 문제들을 스스로 해결해 나갈 수 있습니다.

〈기적의 학습서〉는 아이가 주인공인 책입니다.
탄탄한 실력을 만드는 체계적인 학습법으로
아이의 공부 자신감을 높여줍니다.

가능성과 꿈을 응원해 주세요.
아이가 주인공인 분위기를 만들어 주고,
작은 노력과 땀방울에 큰 박수를 보내 주세요.
〈기적의 학습서〉가 자녀교육에 힘이 되겠습니다.

안녕, 우리는 비법걸&비법보이야.

디자이너 다츠쌤이 우리를 귀엽게 만들어 주셨고,
이름은 길벗스쿨 기적쌤이 지어주셨지.
아직 그렇게 유명하진 않은데...
너희들이 예뻐라 해 주면 우리도 빵 뜨지 않을까? ^^
우리는 이 책에서 초등 전 학년을 맡고 있지!
이 책으로 너희들이 독해를 잘하려면 우리가 하는 얘기를 잘 들어줘야 해.
우리가 전수하는 비법대로만 따라 하면 독해 그까짓 거 식은 죽 먹기라고~!
같이 해 보자~~!!

초등 문해력, 읽기로 시작한다!

기적의 독해력

실력편

길벗스쿨

기 적 의 독해력 6권 초등 3학년 실력편

초판 1쇄 발행 2021년 3월 3일
개정 1쇄 발행 2024년 6월 1일

지은이 기적학습연구소
발행인 이종원
발행처 길벗스쿨
출판사 등록일 2006년 6월 16일
주소 서울시 마포구 월드컵로 10길 56(서교동 467-9)
대표 전화 02)332-0931 | **팩스** 02)323-0586
홈페이지 www.gilbutschool.co.kr | **이메일** gilbut@gilbut.co.kr

총괄 신경아(skalion@gilbut.co.kr) | **기획 편집** 박은숙, 유명희, 이은정, 이재숙
제작 이준호, 손일순, 이진혁 | **영업마케팅** 문세연, 박선경, 박다슬 | **웹마케팅** 박달님, 이재윤, 나혜연
영업관리 김명자, 정경화 | **독자지원** 윤정아

표지 디자인 디자인비따 | **본문 디자인** (주)더다츠 | **전산편집** 린 기획
표지 일러스트 이승정 | **본문 일러스트** 김재곤
CTP출력 및 인쇄 교보피앤비 | **제본** 신정문화사

ISBN 979-11-6406-684-1 64710
(길벗스쿨 도서번호 10923)
정가 11,000원

독자의 1초를 아껴주는 정성 길벗출판사

길벗스쿨 | 국어학습서, 수학학습서, 유아콘텐츠유닛, 어학학습서, 어린이교양서, 교과서, 길벗스쿨콘텐츠유닛
길벗 | IT실용서, IT/일반 수험서, IT전문서, 어학단행본, 어학수험서, 경제실용서, 취미실용서, 건강실용서, 자녀교육서
더퀘스트 | 인문교양서, 비즈니스서

『기적의 독해력』을 펼친 여러분께 우선 박수를 보냅니다.

이 책은 여러분의 독해력을 키우기 위해 만든 책이에요. '독해력'이 뭐냐고요? 읽을 독(讀), 이해할 해(解), 힘 력(力) 자를 써서, 글을 읽고 이해하는 능력(힘)을 말해요. 지금처럼 이 글을 읽고 무슨 뜻인지 알겠으면 독해가 되고 있다는 거고요. 이 글을 읽고는 있지만 도통 무슨 말인지 모르겠으면 독해가 잘 안되고 있다고 할 수 있죠.

우리는 살면서 많은 글을 읽어요. 그림책, 동화책, 교과서, 하다못해 과자 봉지에 있는 글까지. 그런데 이렇게 많은 글을 읽어도 이해하지 못한다면 얼마나 답답할까요? 글을 읽고 이해가 되어야 깨닫게 되고, 몰랐던 것을 알게 되고, 또 이어질 여러 가지 문제를 해결할 수도 있는데 말이죠.

그래서 '독해'는 모든 공부의 시작이고, '독해력'은 우리가 가져야 할 제일 중요한 능력 중의 하나이지요.

여러분이 펼친 『기적의 독해력』 시리즈는 여러분이 초등 공부를 시작할 때부터 완성할 때까지 함께할 비법서랍니다. 예비 초등학생을 위한 한 문장 독해부터 중학교 입학을 앞둔 6학년을 위한 복합적인 글 독해까지, 기본을 세우고 실력을 다질 수 있는 다양한 유형의 독해 글감과 핵심을 파고드는 문제들을 담고 있어요.

혹시 "글 속에 답이 있다!", "문제에 답이 있다!"라는 말을 들어 보았나요?
『기적의 독해력』 시리즈로 공부하면 여러분은 분명 그 해답을 쉽게 깨치게 됩니다.

잠깐, 쉽다고 대충 하지는 말아요! 글을 꼼꼼히 읽고 내가 잘 읽었는지 찬찬히 떠올리면서 문제까지 수월하게 해결해 나가는 게 가장 핵심이 되는 독해 비법이랍니다. 가끔 문제는 틀려도 돼요. 틀리면서 배우는 게 훨씬 많으니까요!
자, 머뭇거리지 말고 한번 시작해 보세요.

2021년 2월
기적학습연구소 국어팀 일동

독해력, 그것이 알고 싶다!

Q 독해력을 기르려면 무엇부터 해야 할까요?

A 다양한 글을 읽어야지요. 독해력은 하루아침에 길러지는 역량이 아닙니다. 하루에 한 편씩 짧은 글이라도 읽는 습관을 만들어 주는 것이 중요합니다. 또 자신이 읽은 글의 내용을 정리해 본다거나 한 문장으로 요약해 보는 습관을 기른다면 아주 효과적인 독해력 상승을 기대할 수 있습니다. 이 대목에서 '책 읽기'는 두말하면 입 아프겠지요? ^^;

Q 초등 입학 전에 독해 공부가 필요할까요?

A 초등학교에 입학해서 처음 보는 교과서는 기존에 봤던 그림책과는 구조와 수준이 달라서 급격하게 어려움을 느낄 수도 있습니다. 특히 문제 풀이에 어려움을 겪을 수 있으니 간단하고 짧은 글을 읽고, 내용을 이해했는지 가볍게 훑어보며 문제를 푸는 연습을 하면 초등 공부에 큰 도움이 될 것입니다.

Q 읽기는 하는데, 문제를 이해하지 못하는 것 같아요.

A 읽으면 바로 이해할 수 있는 쉬운 문제들도 있지만, 국어 개념이 바탕이 되어야 풀 수 있거나 보기를 읽고 두 번 세 번 확인해 봐야 답을 찾을 수 있는 독해 문제들도 많습니다. 문제를 이해하지 못한다는 것은 1차적으로는 그 문제를 출제한 의도를 파악하지 못하고 있다는 거고요. 그다음엔 어떻게 답을 찾아야 할지 방법을 모르고 있다는 것입니다. 독해도 일종의 기술이 필요한 공부거든요. 무턱대고 읽고 푼다고 해서 독해력이 생기는 것은 아닙니다. 글을 읽는 방법, 문제를 푸는 방법을 알고 있어야 보다 효과적으로 독해의 산을 넘을 수 있습니다.

Q 어휘력도 중요한 거 같은데, 어떻게 길러야 할까요?

A 어휘력은 독해력을 키우는 무기와 같습니다. 글을 잘 읽다가도 낯선 어휘에서 멈칫하거나 그 뜻을 파악하지 못해서 독해가 안되는 경우가 많거든요. 어휘력 역시 단번에 키우긴 어렵습니다. 그래서 독해 훈련을 통해 어휘력을 키우는 방법을 추천합니다. 글을 읽을 때 낯선 어휘를 만나면 문맥의 의미를 파악하는 연습을 꾸준히 하는 거죠. 그래도 모르는 낱말은 그냥 넘어가지 말고 국어사전을 찾아보는 습관을 들이세요.

Q 시중에 나와 있는 독해력 교재가 너무 많더라고요. 어떤 게 좋은 거죠?

A 단연 『기적의 독해력』을 꼽고 싶습니다만, 시중에 나와 있는 독해력 교재들이 모두 훌륭하더군요. 일단은 아이의 수준에 맞게 선택하는 게 가장 현명할 것입니다. 방법을 잘 몰라서 문제 풀이에 어려움을 겪는 친구들은 독해의 기본기를 다룬 쉬운 교재를, 어느 정도 독해가 가능한 친구들은 다양한 문제를 풀어 볼 수 있는 실전 교재를 선택해 보는 것이 좋습니다. (마침 『기적의 독해력』이 딱 그런 구성을 갖추고 있습니다.)

Q 『기적의 독해력』은 어떻게 바뀌었나요?

A 예비 초등(0학년)을 시작으로 6학년까지 학년별로 2권씩 구성되어 있습니다. 단계와 난이도가 종전보다 세분화되었는데요. 특히 독해 문제 풀이에 어려움을 겪는 친구들을 위해 독해 비법을 강화하여 독해의 기본기를 다진 후에 실전 문제로 실력을 완성시킬 수 있도록 구조화하였습니다.

기본편   실력편

기본편 은 독해의 시작이라 할 수 있는 기본서입니다. 학년별로 16가지의 독해 비법을 담고 있지요. 글의 종류에 따라 읽는 방법과 필수 유형 문제를 효과적으로 푸는 방법을 친절하게 안내하고 있어요.

실력편 은 독해의 완성이라 할 수 있는 실력서입니다. 교과 과정에 맞춘 실전 문제와 최상위 독해로 구성하여 앞서 배운 비법을 그대로 적용하면서 실력을 키울 수 있습니다.

Q 그럼 두 권을 같이 보나요?

A 독해 문제가 익숙하지 않은 친구는 **기본편** 으로 독해의 기초를 탄탄하게 쌓으면 되고요. 독해 문제가 익숙한 친구는 **실력편** 으로 단계를 올려서 실전에 대비하는 것도 필요합니다. 1학기는 **기본편** 으로, 2학기는 **실력편** 으로 촘촘하게 독해력을 키워 보는 것은 어떨까요?

Q **실력편** 의 최상위 독해는 어떤 독해인가요?

A 최상위 독해는 복합 지문과 통합형 문제로 구성된 특별 코너입니다. 일반적인 독해가 단편적인 하나의 글을 읽고, 기본적인 문제를 풀어 가는 것이라면 **실력편** 5일 차에 수록된 복합 지문은 두 가지 이상의 글을 읽고 문제를 해결해야 하는 난이도가 높은 독해입니다. 같은 주제를 다루고 있는 두 편의 글이나 소재는 다르지만 종류는 같은 두 편의 글을 읽고, 통합 사고력 문제를 해결해야 해서 기존의 독해 문제보다는 조금 어려울 수 있습니다.

쉬운 글과 기본 문제만으로는 실력을 키우기 어렵지요. 자신의 수준보다 약간 어려운 문제도 해결하면서 실력을 월등하게 키워 나가길 바랍니다.

Q 『기적의 독서 논술』과는 어떤 차이가 있나요?

A 독해력이 모든 공부의 시작이라면, 독서 논술은 모든 공부의 완성이라 할 수 있습니다. 독해력이 단편적인 글을 읽고 이해하며 적용해 가는 훈련이라면, 독서 논술은 한 편의 긴 글을 읽고, 자신의 생각을 정리해서 표현해 보는 훈련 과정을 거치기 때문에 두 시리즈 모두 국어 실력 향상에는 꼭 필요한 교재랍니다. 한 학년에 독해력 2권, 독서 논술 2권이면 기본과 실력을 모두 갖추게 될 것입니다.

01
하루 4쪽
DAY 학습

02
실전 독해

문학

비문학

어휘력 강화

03
최상위 독해

복합 지문

통합 사고력 문제

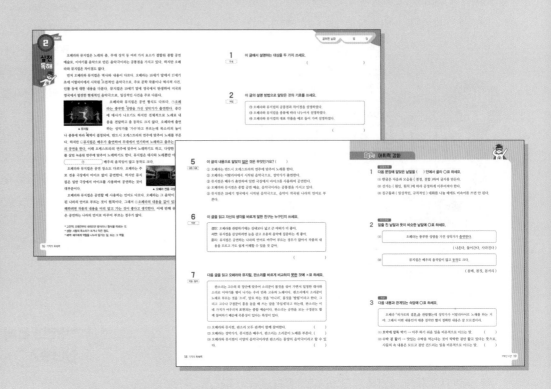

🛡 실전 독해

기본편 에서 훈련한 방법을 총망라한 실전 문제집입니다.
하루 4쪽씩 꾸준히 연습하세요.
앞서 배운 비법을 그대로 적용하면서 독해 실력을 쌓아 갑니다.

📖 어휘력 강화

독해에서 어휘는 독해 시간을 단축시키는 열쇠와 같은 역할을 합니다.
지문에서 뽑아낸 주요 어휘의 뜻과 활용, 내용과 밀접한 속담과 사자성어,
관용어까지 다양하게 어휘의 폭을 늘려 갑니다.

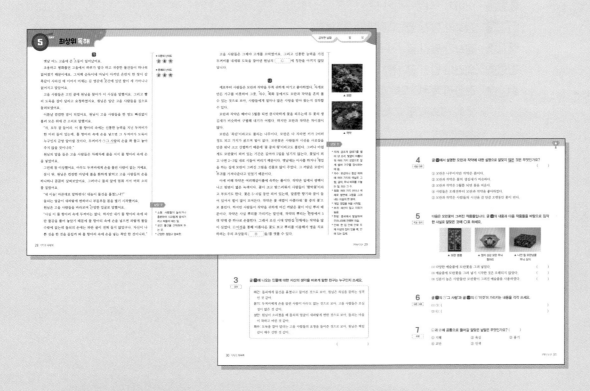

최상위 독해

● 지문의 난이도　　● 문제의 난이도

상　중　하　　　상　중　하

각 주 5일 차는 최상위 독해로, 글의 수준과 문제의 수준이 높습니다.
그동안 쌓았던 실력을 점검해 보세요.
긴 글, 주제나 소재가 얽힌 복합 지문, 통합 사고력 문제를 통해 독해
력을 한 단계 끌어올립니다.

가로 세로 낱말 퀴즈

한 주 동안 학습한 어휘를 확인할 수 있도록 재미있는 퀴즈로
구성하였습니다.

차례

출처

글

92쪽 「헌법 재판소 어린이 헌법 교실 참가 안내」| 어린이 헌법 교실(http://kids.ccourt.go.kr) | 2015

108쪽 「땡땡이치는 가게」| 왕입분 | 2021

＊그 외 작품은 한국문학예술저작권협회, 한국문예학술저작권협회의 동의를 얻어 책에 실었습니다.

이미지

22쪽 「성장」| 한국방송광고진흥공사 | 2014

29쪽 모란, 작약 | 국립생물자원관

31쪽 모란 병풍, 청자 상감 모란 무늬 항아리, 나전 칠 모란넝쿨 무늬 상자 | 국립중앙박물관

46쪽 덕온 공주 당의, 경주 불국사 다보탑, 고창 부곡리 고인돌 | 문화재청

64쪽 아얌 | 국립중앙박물관

101쪽 「가장 가벼운 총」| 한국방송광고진흥공사 | 2018

＊위에 제시되지 않은 이미지는 사용료를 지불하고 셔터스톡 코리아에서 대여했음을 밝힙니다.

＊길벗스쿨은 이 책에 실린 모든 글과 이미지의 출처를 찾기 위해 최선의 노력을 기울였습니다.
　저작권자를 찾지 못해 허락을 받지 못한 글과 이미지는 저작권자가 확인되는 대로 통상의 사용료를 지불하겠습니다.

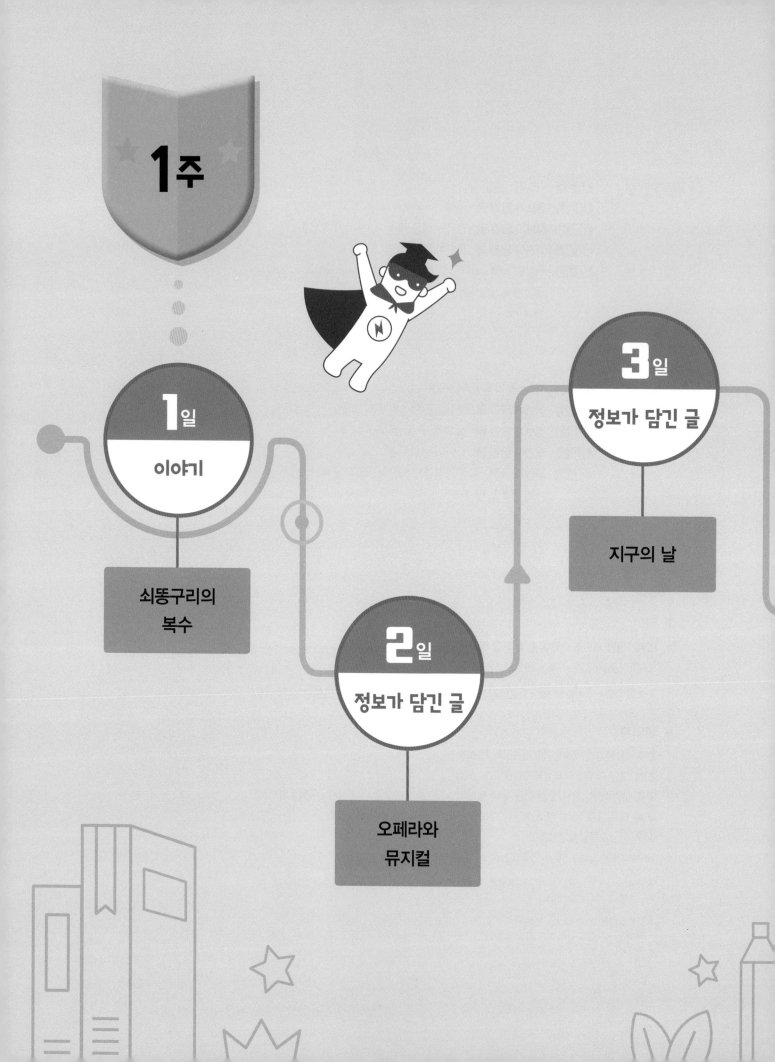

1주

1일
이야기
쇠똥구리의
복수

2일
정보가 담긴 글
오페라와
뮤지컬

3일
정보가 담긴 글
지구의 날

5일

최상위 독해

• 도둑 잡는 두꺼비
• 모란과 작약

4일

의견이 담긴 글

봉사 활동에
적극적으로
참여하자

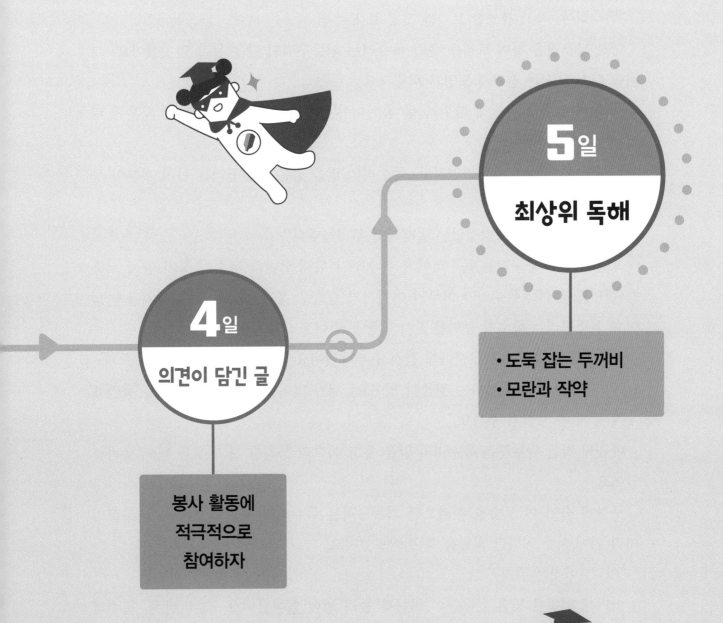

쇠똥구리의 복수

깊은 숲속에서 토끼 한 마리가 커다란 독수리에게 쫓기고 있었어요. 그때 마침 토끼가 쇠똥을 굴리고 있는 작은 쇠똥구리 한 마리를 만났어요.

"쇠똥구리야, 지금 커다란 독수리에게 쫓기고 있어. 제발 날 좀 도와줘!"

쇠똥구리는 토끼가 *가여워서 독수리에게 큰 목소리로 타이르듯 말했어요.

"독수리야, 작고 불쌍한 토끼를 그냥 보내 주렴."

힘찬 날갯짓을 하며 토끼를 쫓던 독수리는 쇠똥구리의 말을 듣고 멈칫했어요. 그 틈을 타서 토끼는 잽싸게 도망가 버렸지요.

"쇠똥이나 굴리는 벌레 따위가 웬 *참견이야? 네 주제를 알아야지. 너 때문에 토끼만 놓쳤잖아."

토끼를 구한 것은 다행이었지만, 독수리의 말을 들은 쇠똥구리는 몹시 기분이 상했어요.

'쇠똥이나 굴리는 보잘것없는 벌레라고 무시하다니!'

그날 이후 쇠똥구리는 독수리에게 복수하기 위해 날마다 독수리 둥지 안에 쇠똥을 떨어뜨렸어요. 독수리가 아무리 여기저기 숲속을 옮겨 다니며 새로 둥지를 만들어도 쇠똥구리는 독수리 둥지를 찾아 쇠똥을 떨어뜨리고 갔어요.

참다못한 독수리는 나무꾼에게 간절히 부탁했어요.

"이 숲에는 저를 괴롭히는 것들이 있어요. 제가 먹이를 구하러 나가 있는 동안에 제 둥지 좀 보살펴 주세요."

마음씨 착한 나무꾼은 독수리의 말을 듣고 독수리 둥지를 자기 무릎 위에 올려놓았어요.

구석에 숨어 이 모습을 지켜보던 쇠똥구리는 독수리가 둥지를 떠나자 나무꾼의 머리 위에 아주 커다란 쇠똥을 툭 떨어뜨렸지요.

"앗! ㉠이것은 뭐지?"

머리에 쇠똥을 맞은 나무꾼이 화들짝 놀라 벌떡 일어났어요. 그 바람에, 독수리 둥지가 땅에 떨어져 엉망진창이 되고 말았답니다.

---

* 가여워서: 마음이 아플 정도로 불쌍하고 딱해서.
* 참견: 자기와 별로 관계없는 일이나 말 따위에 끼어들어 쓸데없이 아는 체하거나 이래라저래라 함.

1 내용 이해

이 글에서 일이 일어난 장소는 어디인지 쓰세요.

(   )

2 추론

독수리에게 쫓기는 토끼의 마음으로 알맞지 <u>않은</u> 것은 무엇인가요? (   )

① 두렵다.　　　　② 지루하다.　　　　③ 다급하다.
④ 절박하다.　　　　⑤ 조마조마하다.

3 짜임

다음 일이 원인이 되어 일어난 일로 알맞은 것에 ○표 하세요.

> 독수리에게 무시하는 말을 들은 쇠똥구리는 몹시 기분이 상했다.

(1) 쇠똥구리가 토끼를 구해 주었다. 　　　　　　　　　　　　　　(　)
(2) 쇠똥구리가 날마다 독수리 둥지 안에 쇠똥을 떨어뜨렸다. 　　(　)
(3) 쇠똥구리가 나무꾼에게 독수리를 혼내 달라고 부탁하였다. 　　(　)

4 내용 이해

㉠'이것'이 가리키는 것은 무엇인가요? (   )

① 나무꾼의 머리　　　　　　　② 아주 커다란 쇠똥
③ 엉망진창이 된 독수리 둥지　　④ 쇠똥을 굴리는 쇠똥구리
⑤ 먹이를 구하러 나간 독수리

5 이 글을 통해 글쓴이가 하고 싶은 말은 무엇일까요? (　　　)

① 맡은 일에 최선을 다해야 한다.

② 주변 사람을 함부로 믿으면 안 된다.

③ 베풀어 준 은혜에 반드시 보답해야 한다.

④ 어려운 일이 생기더라도 스스로 이겨 내야 한다.

⑤ 아무리 작고 약한 것이라도 함부로 대하면 안 된다.

6 이 글에 대한 자신의 생각이나 느낌을 바르게 말하지 <u>못한</u> 친구는 누구인지 쓰세요.

> 유경: 독수리에게 쫓기는 토끼를 가엽게 여겨 도와준 것을 보니 쇠똥구리는 마음이 따뜻한 것 같아.
>
> 영민: 쇠똥구리가 자신이 할 일은 하지 않고 자꾸만 남의 일에 참견해서 나무꾼만 큰 피해를 입었다는 생각이 들어.
>
> 수안: 쇠똥구리를 함부로 대하다가 복수를 당한 독수리를 보고, 겉모습만 보고 남을 무시하는 행동을 하지 말아야겠다고 생각했어.

(　　　　　　　　　　)

7 이 글의 바로 뒤에 이어질 내용으로 알맞은 것에 ○표 하세요.

(1) 쇠똥구리가 나무꾼을 도와 독수리 둥지를 새로 만들었다.　　　　　　　(　　)

(2) 나무꾼이 쇠똥구리에게 독수리 둥지를 보살펴 달라고 부탁했다.　　　　(　　)

(3) 둥지가 망가지자 독수리가 힘찬 날갯짓을 하며 토끼를 뒤쫓기 시작했다. (　　)

(4) 먹이를 구해 온 독수리는 엉망진창이 된 둥지를 보고 안타까워서 눈물을 흘렸다.

(　　)

어휘력 강화

낱말의 뜻

1 빈칸에 알맞은 낱말을 **보기** 에서 찾아 쓰세요.

> **보기**　　　　　주제　　　다행　　　참견

(1) 내 일에 (　　　　　)하지 마.

(2) 아이가 무사히 돌아와서 정말 (　　　　　)이다.

(3) 제대로 알지도 못하는 (　　　　　)에 아는 척 좀 그만해라.

비슷한말

2 밑줄 친 낱말과 바꾸어 쓸 수 있는 낱말은 무엇인가요? (　　　　)

> 이 책은 부모님을 죽인 원수에게 <u>복수</u>하려는 한 남자에 대한 이야기이다.

① 보복 　　　　　② 보상 　　　　　③ 보강

④ 보답 　　　　　⑤ 복종

속담

3 다음 내용과 관계있는 속담에 ○표 하세요.

> 쇠똥도 쓸데가 있어 찾으면 없는 경우가 있다.

(1) 쇠똥이 지짐 떡 같으냐 → 먹지 못할 것을 먹으려고 하는 경우를 비유적으로 이르
는 말. 　　　　　　　　　　　　　　　　　　　　　　　　　　　　（　　　）

(2) 쇠똥도 약에 쓰려면 없다 → 평소에 흔하던 것도 막상 긴하게 쓰려고 구하면 없다
는 말. 　　　　　　　　　　　　　　　　　　　　　　　　　　　　（　　　）

　오페라와 뮤지컬은 노래와 춤, 무대 장치 등 여러 가지 요소가 결합된 종합 공연 예술로, 이야기를 음악으로 만든 음악극이라는 공통점을 가지고 있다. 하지만 오페라와 뮤지컬은 차이점도 많다.

　먼저 오페라와 뮤지컬은 역사와 내용이 다르다. 오페라는 16세기 말에서 17세기 초에 이탈리아에서 시작된 *고전적인 음악극으로, 주로 문학 작품이나 역사적 사건, 인물 등에 대한 내용을 다룬다. 뮤지컬은 19세기 말에 영국에서 탄생하여 미국과 영국에서 발전한 현대적인 음악극으로, 일상적인 사건을 주로 다룬다.

▲ 뮤지컬

　오페라와 뮤지컬은 공연 형식도 다르다. ㉠오페라는 풍부한 *성량을 가진 성악가가 출연한다. 중간에 대사가 나오기도 하지만 전체적으로 노래로 내용을 전달하고 춤 동작도 크지 않다. 오페라에 출연하는 성악가를 '가수'라고 부르는데 목소리의 높이나 종류에 따라 *배역이 결정되며, 반드시 오케스트라의 연주에 맞추어 노래를 부른다. 하지만 ㉡뮤지컬은 배우가 출연하여 무대에서 연기하며 노래하고 춤추는 형식의 공연을 한다. 이때 오케스트라의 연주에 맞추어 노래하기도 하고, 다양한 효과를 살린 녹음된 반주에 맞추어 노래하기도 한다. 뮤지컬은 대사와 노래뿐만 아니라 (㉮) 배우의 움직임이 많고 동작도 크다.

　오페라와 뮤지컬은 공연 장소도 다르다. 오페라는 주로 전용 극장에서 마이크 없이 공연한다. 하지만 뮤지컬은 일반 극장에서 마이크를 사용하여 공연하는 것이 대부분이다.

▲ 오페라 전용 극장

　오페라와 뮤지컬은 공연할 때 사용하는 언어도 다르다. 오페라는 그 음악이 작곡된 나라의 언어로 부르는 것이 원칙이다. 그래서 ㉢오페라의 내용을 깊이 있게 이해하려면 작품의 내용을 미리 알고 가는 것이 좋다고 생각한다. 이에 반해 뮤지컬은 공연하는 나라의 언어로 바꾸어 부르는 경우가 많다.

---

* 고전적: 오래전부터 내려오던 방식이나 형식을 따르는 것.
* 성량: 사람의 목소리가 크거나 작은 정도.
* 배역: 배우에게 역할을 나누어 맡기는 일. 또는 그 역할.

1

주제

이 글에서 설명하는 대상을 두 가지 쓰세요.

(   )

2

짜임

이 글의 설명 방법으로 알맞은 것의 기호를 쓰세요.

㉮ 오페라와 뮤지컬의 공통점과 차이점을 설명하였다.

㉯ 오페라와 뮤지컬을 종류에 따라 나누어서 설명하였다.

㉰ 오페라와 뮤지컬의 대표 작품을 예로 들어 가며 설명하였다.

(   )

3

내용 이해

㉠~㉢ 중 글쓴이의 의견이 담겨 있는 부분을 찾아 기호를 쓰세요.

(   )

4

추론

㉮에 들어갈 내용으로 알맞은 것은 무엇인가요? (   )

① 역사가 짧기 때문에

② 일상적인 사건을 주로 다루기 때문에

③ 대부분 젊은 배우들이 등장하기 때문에

④ 녹음된 반주에 맞추어 노래를 부르기 때문에

⑤ 춤이나 동작을 통해서도 내용을 전달하기 때문에

5 이 글의 내용으로 알맞지 <u>않은</u> 것은 무엇인가요? (　　　)

내용 이해

① 오페라는 반드시 오케스트라의 연주에 맞추어 노래를 한다.

② 오페라는 이탈리아에서 시작된 음악극으로, 성악가가 출연한다.

③ 뮤지컬은 배우가 출연하며 일반 극장에서 마이크를 사용하여 공연한다.

④ 오페라와 뮤지컬은 종합 공연 예술, 음악극이라는 공통점을 가지고 있다.

⑤ 뮤지컬은 19세기 영국에서 시작된 음악극으로, 음악이 작곡된 나라의 언어로 부른다.

6 이 글을 읽고 자신의 생각을 바르게 말한 친구는 누구인지 쓰세요.

비판

> 경민: 오페라를 관람하기에는 실내보다 넓고 큰 야외가 더 좋아.
>
> 서연: 뮤지컬을 감상하려면 눈을 감고 조용히 음악에 집중하는 게 좋아.
>
> 윤지: 뮤지컬은 공연하는 나라의 언어로 바꾸어 부르는 경우가 많아서 작품의 내용을 모르고 가도 쉽게 이해할 수 있을 것 같아.

(　　　　　　　　)

7 다음 글을 읽고 오페라와 뮤지컬, 판소리를 바르게 비교하지 <u>못한</u> 것에 ×표 하세요.

적용·창의

> 판소리는 고수의 북 장단에 맞추어 소리꾼이 몸짓을 섞어 가면서 일정한 대사와 소리로 이야기를 엮어 나가는 우리 민족 고유의 노래이다. 판소리에서 소리꾼이 노래로 부르는 것을 '소리', 말로 하는 것을 '아니리', 몸짓을 '발림'이라고 한다. 그리고 고수나 구경꾼이 흥을 돋울 때 쓰는 말을 '추임새'라고 하는데, 판소리는 이 네 가지가 어우러져 표현되는 종합 예술이다. 판소리는 공연을 보는 구경꾼도 함께 참여하기 때문에 즉흥성이 있다는 특징이 있다.

(1) 오페라와 뮤지컬, 판소리 모두 관객이 함께 참여한다. (　　　)

(2) 오페라는 성악가, 뮤지컬은 배우가, 판소리는 소리꾼이 노래를 부른다. (　　　)

(3) 오페라와 뮤지컬이 서양의 음악극이라면 판소리는 동양의 음악극이라고 할 수 있다. (　　　)

낱말의 뜻

1 다음 문장에 알맞은 낱말을 ( ) 안에서 골라 ○표 하세요.

(1) 한글은 자음과 모음을 (결정, 결합)하여 글자를 만든다.

(2) 선거는 (원인, 원칙)에 따라 공정하게 이루어져야 한다.

(3) 친구들과 (일상적인, 규칙적인) 대화를 나눌 때에도 비속어를 쓰면 안 된다.

비슷한말

2 밑줄 친 낱말과 뜻이 비슷한 낱말에 ○표 하세요.

(1)
> 오페라는 풍부한 성량을 가진 성악가가 <u>출연한다</u>.

(나온다, 들어간다, 사라진다)

(2)
> 뮤지컬은 배우의 움직임이 많고 <u>동작</u>도 크다.

(몸매, 몸짓, 몸서리)

속담

3 다음 내용과 관계있는 속담에 ○표 하세요.

> 오페라 「피가로의 결혼」을 관람했는데 성악가가 이탈리아어로 노래를 하는 거야. 그래서 어떤 내용인지 대충 짐작만 했지 정확한 내용은 잘 모르겠더라.

(1) 호박에 말뚝 박기 → 아주 하기 쉬운 일을 비유적으로 이르는 말.　　　　(　　)

(2) 수박 겉 핥기 → 맛있는 수박을 먹는다는 것이 딱딱한 겉만 핥고 있다는 뜻으로, 사물의 속 내용은 모르고 겉만 건드리는 일을 비유적으로 이르는 말.　　(　　)

지구의 날

매년 4월 22일은 '지구의 날(Earth Day)'로, 환경 보호 실천을 위한 다양한 행사가 열립니다. '지구의 날'은 환경 보호를 실천하는 시민들의 *자발적 활동으로 시작되었다는 점에서 큰 의미가 있습니다.

그러면 '지구의 날'은 어떻게 해서 만들어졌을까요?

1969년, 미국 캘리포니아주 앞바다에서 기름이 *유출되는 사고가 발생했습니다. 순식간에 기름으로 검게 물든 바다를 본 수많은 사람은 충격에 휩싸였습니다. 이를 계기로 하여 1970년 4월 22일, 미국 위스콘신주의 상원 의원이었던 게이로드 넬슨과 하버드 대학교 학생이었던 데니스 헤이즈가 환경 오염의 심각성을 알리기 위해 '지구의 날' 행사를 처음으로 개최하였습니다. 이 행사에는 미국의 수많은 사람이 참가하여 환경 문제에 대한 연설을 듣거나 토론을 하였고, 환경 관련 집회에도 참여했습니다. 또한 환경을 살리기 위한 일들을 했는데, 교통이 복잡한 뉴욕 5번가에서는 자동차의 통행을 금지시키기도 했습니다.

이후 1972년에 스웨덴의 수도 스톡홀름에서 '오직 하나뿐인 지구'라는 이름으로 국제 연합 인간 환경 회의가 열렸습니다. 이 회의에 113개국의 대표가 참가하여 위기에 처한 지구 환경을 보전하는 데 세계인이 다 함께 협력하고 노력하자는 내용의 '인간 환경 선언'을 발표하였습니다.

작은 관심으로 시작된 '지구의 날'은 1990년에 이르러 세계 100여 개국 이상이 참여하는 세계적인 행사로 발돋움하였으며, 우리나라도 1990년부터 여러 시민 단체가 참여하고 있습니다. 2009년에는 국제 연합(UN)에서 한마음 한뜻으로 4월 22일을 '지구의 날'로 공식 지정하였습니다.

'지구의 날'이 시작된 이후로 (　　　　　⊙　　　　　), 환경과 관련된 *법안이 마련되는 등 많은 변화가 일어났습니다. 그리고 지금까지 세계의 많은 사람이 '지구의 날'을 기념하며 그날 열리는 다양한 행사에 참여하고 있습니다.

*자발적: 남이 시키거나 요청하지 아니하여도 자기 스스로 나아가 행하는 것.
*유출되는: 밖으로 흘러 나가는.
*법안: 법으로 제정하고자 하는 사항을 항목별로 정리하여 국회에 제출하는 문서나 안건.

1

주제

무엇에 대해 설명하는 글인가요? (   )

① 환경 오염을 줄이는 방법   ② 환경 오염과 기후 변화의 관계
③ 국제 연합의 설립 목적과 주요 활동   ④ 매년 '지구의 날'에 하는 행사의 종류
⑤ '지구의 날'이 만들어지게 된 계기와 과정

2

추론

㉠에 들어갈 내용으로 알맞은 것은 무엇인가요? (   )

① 세계적으로 인구가 늘어나게 되었고
② 장애인에 대한 생각이 달라지게 되었고
③ 해마다 기름 유출 사고가 끊이지 않았고
④ 세계적인 문화 행사가 많이 생겨나게 되었고
⑤ 전 세계적으로 환경 보호에 대한 관심이 높아졌고

3

짜임

국제 연합에서 '지구의 날'을 공식 지정하기까지의 과정에 맞게 빈칸에 알맞은 내용을
쓰세요.

> 1969년에 미국 캘리포니아주 앞바다에서 기름 유출 사고가 발생함. → _____
>
> _____
>
> → 1972년에 스웨덴 스톡홀름에서 열린 국제 연합 인간 환경 회의에서 '인간 환경
> 선언'이 발표됨. → 1990년에 100여 개국 이상이 참여하는 세계적인 행사로 발돋
> 움함. → 2009년에 국제 연합에서 4월 22일을 '지구의 날'로 공식 지정함.

4

내용 이해

이 글에서 설명한 내용으로 알맞지 **않은** 것에 ×표 하세요.

(1) 우리나라도 1990년부터 여러 시민 단체가 '지구의 날'에 참여하고 있다. (   )
(2) '지구의 날'은 환경 보호를 실천하는 시민들의 자발적 활동에서 시작되었다.

(   )

(3) 처음으로 개최된 '지구의 날' 행사에는 전 세계의 수많은 사람이 참가하였다.

(   )

5

어휘·표현

이 글에서 다음과 같은 뜻을 가진 낱말은 무엇인가요? (   )

> 변하는 것이 없도록 잘 지키고 유지하다.

① 개최하다   ② 보전하다   ③ 지정하다
④ 실천하다   ⑤ 참여하다

6

추론

이 글에 덧붙일 자료로 알맞은 것에 ○표 하세요.

(1)

오늘 한 권 더 성장했습니다.

(   )

(2)

(   )

(3)

기돈ㅁ
ㅅㅇㅈㅊㅌㅍㅍ
ㅛ흥
ㅑㅓ규ㅠ

Korean Alphabet
아름다운 한글 ㄱㄴㄷㄹㅁㅂㅅㅇㅈㅊㅋㅌㅍㅎ

(   )

7

적용·창의

글쓴이처럼 지구 환경 보호에 찬성하는 입장에서 쓴 기사문의 기호를 쓰세요.

> ㉮ 한 시민 단체에서 주최한 자연 보호 지킴이 활동이 지난 4일 □□시에서 시작 되었습니다. 이날 참석자들은 □□시에 있는 한 저수지에 우리나라 토종 물고 기 1,500마리를 놓아준 데 이어 철새 도래지에서 철새 먹이 주기 행사도 가졌 습니다.
>
> ㉯ △△시와 ○○시에 골프장이 건설될 예정입니다. 오늘 개발 제한 구역인 △△ 시와 ○○시에 골프장 건설 허가가 났습니다. 따라서 별다른 문제가 없으면 다 음 달부터 골프장 건설이 시작됩니다. 골프장이 건설되면 시민들에게 체육 공 간을 제공할 수 있고, 일자리도 많이 생길 것으로 예상됩니다.

(   )

낱말의 뜻

1 다음 문장에 알맞은 낱말을 ( ) 안에서 골라 ○표 하세요.

(1) 오염된 물이 강으로 (유출되었다, 유행되었다).

(2) 불우 이웃을 돕기 위한 여러 가지 (찬사, 행사)가 마련되어 있다.

(3) 좁은 골목길에 자동차를 세워 놓아서 사람들이 (선행, 통행)을 할 수 없었다.

비슷한말

2 밑줄 친 낱말과 바꾸어 쓸 수 있는 낱말은 무엇인가요? ( )

> 미국의 수많은 사람이 환경 관련 집회에 참여했습니다.

① 활동   ② 모임   ③ 실천
④ 관심   ⑤ 시합

사자성어   → 교훈이나 유래를 담고 있는 한자 네 자로 이루어진 말이야.

3 밑줄 친 부분과 관계있는 사자성어에 ○표 하세요.

> 2009년에는 국제 연합(UN)에서 한마음 한뜻으로 4월 22일을 '지구의 날'로 공식 지정하였습니다.

(1) 만장일치(滿場一致) → 모든 사람의 의견이 같음.   ( )

(2) 십중팔구(十中八九) → 열 가운데 여덟이나 아홉 정도로 거의 대부분.   ( )

(3) 칠전팔기(七顚八起) → 일곱 번 넘어지고 여덟 번 일어난다는 뜻으로, 여러 번 실패해도 포기하지 않고 계속 노력함.   ( )

1 저는 며칠 전 등굣길에 돌부리에 걸려 넘어져 다리를 다쳤습니다. 그런데 주변에 아무도 없어서 혼자 일어나 가방을 챙겨 다시 학교에 가느라 무척 고생했던 적이 있습니다. 이처럼 *곤경에 처했을 때 주변에서 도와주지 않으면 누구나 어려움을 겪을 수 있습니다.

특히 우리 주변에는 다른 사람의 도움이 꼭 필요한 사람들이 있습니다. 예를 들어 혼자 움직이기 어려운 장애인이나 경제적으로 형편이 좋지 못해 생활하는 데 어려움을 겪는 노인들은 다른 사람의 도움이 필요합니다. 어려움을 겪는 이웃을 돕는 방법은 봉사 활동에 참여하는 것입니다. 봉사 활동에 참여하면 어떤 점이 좋은지 알아보고 봉사 활동에 적극적으로 참여합시다.

2 첫째, 봉사 활동을 하면 이웃에 대한 사랑을 실천할 수 있습니다. 꾸준히 봉사 활동을 하다 보면 자연스럽게 다른 사람을 돕게 되고 어려운 이웃을 돌보는 따뜻한 마음을 가질 수 있으며 이웃과 나누는 기쁨을 누릴 수 있습니다.

둘째, 봉사 활동을 하면 책임감을 기를 수 있습니다. 봉사 활동을 통해 맡은 일을 스스로 하다 보면 책임감이 길러집니다. 또한 *지역 사회의 일에 관심을 갖고 참여함으로써 사회적 책임감도 가질 수 있습니다.

셋째, 봉사 활동을 하면 사회성을 기를 수 있습니다. 봉사 활동을 하는 사람들과 어울리면서 서로 협력하면 사회성도 길러지고 다른 사람과 함께 살아가는 마음도 배울 수 있습니다.

넷째, 봉사 활동을 하면 다양한 직업을 체험할 수 있습니다. 봉사 활동을 하면 여러 *직종의 사람들을 만나게 되어 다양한 직업 세계를 체험할 수 있고 풍부한 지식도 얻을 수 있습니다. 이를 통해 자신의 꿈이나 재능을 발견하는 사람도 있습니다.

3 "   ㉠   "라는 속담처럼 우리의 작은 힘이 모이면 사회에 큰 힘이 될 수 있습니다. 이웃을 도울 수 있는 아주 작은 일이라도 찾아 봉사 활동에 적극 참여합시다.

---

*곤경: 어려운 형편이나 처지.
*지역 사회: 일정한 지역을 바탕으로 하여 공동 생활을 하는 공동체.
*직종: 직업의 종류.

1

짜임

①~③ 중 다음 설명에 해당하는 글의 번호를 쓰세요.

- 글을 쓰게 된 문제 상황을 밝혔다.
- 글쓴이가 내세우는 주장이 분명하게 나타나 있다.

(   )

2

추론

글 ①에서 글쓴이가 자신의 경험을 예로 들어 강조하려는 점은 무엇인가요? (   )

① 친구를 잘 사귀어야 한다는 점

② 예의 바르게 행동해야 한다는 점

③ 등굣길에 사고가 자주 일어난다는 점

④ 하루하루를 헛되이 보내면 안 된다는 점

⑤ 곤경에 처했을 때 주변의 도움이 필요하다는 점

3

주제

글쓴이가 주장하는 내용은 무엇인가요? (   )

① 책임감을 기르자.

② 다친 친구를 도와주자.

③ 지역 사회의 일에 관심을 갖자.

④ 봉사 활동에 적극적으로 참여하자.

⑤ 꿈이나 재능을 발견하기 위해 노력하자.

4

내용 이해

글쓴이의 주장을 뒷받침하는 내용이 <u>아닌</u> 것은 무엇인가요? (   )

① 책임감을 기를 수 있다.   ② 사회성을 기를 수 있다.

③ 다양한 직업을 체험할 수 있다.   ④ 이웃에 대한 사랑을 실천할 수 있다.

⑤ 자신도 이웃에게 도움을 받을 수 있다.

5
어휘·표현

㉠에 들어갈 알맞은 속담은 무엇인가요? (   )

① 고생 끝에 낙이 온다
② 같은 값이면 다홍치마
③ 모래알도 모으면 산이 된다
④ 가는 말에도 채찍을 치랬다
⑤ 구슬이 서 말이라도 꿰어야 보배

6
내용 이해

이 글의 내용으로 알맞지 <u>않은</u> 것은 무엇인가요? (   )

① 우리의 작은 힘이 모이면 사회에 큰 힘이 될 수 있다.
② 봉사 활동을 통해 이웃을 돕고 사랑을 실천할 수 있다.
③ 봉사 활동을 하면서 자신의 꿈이나 재능을 발견하는 사람도 있다.
④ 봉사 활동은 지역 사회나 기업과 같이 큰 단체가 중심이 되어 이끌어야 한다.
⑤ 우리 주변에는 혼자 움직이기 어려운 장애인처럼 도움이 필요한 사람이 있다.

7
비판

봉사 활동에 대한 생각이 글쓴이와 <u>다른</u> 친구는 누구인지 쓰세요.

> 주연: 봉사 활동을 꾸준히 하다 보면 어른이 되어서도 이웃 사랑을 적극적으로 실
>   천할 수 있어.
> 현영: 작은 일이라도 찾아 봉사 활동을 꾸준히 하면 우리 사회가 더 밝고 건강해질
>   수 있을 것 같아.
> 성규: 봉사 활동을 하는 사람들의 도움을 받는 것보다 스스로 어려움을 극복해 나
>   가는 태도가 필요해.

(   )

어휘력 강화

낱말의 뜻

1 다음 문장에 알맞은 낱말을 (   ) 안에서 골라 ○표 하세요.

⑴ 이번 여름 방학에는 농촌 (실험, 체험)을 해 보기로 결심했다.

⑵ (형편, 파편)이 나아지면 지금보다 더 큰 집으로 이사를 갈 것이다.

⑶ 누구나 (고생, 고민)을 참고 끊임없이 노력하면 성공을 거둘 수 있다.

반대말

2 밑줄 친 낱말과 뜻이 반대인 낱말은 무엇인가요? (   )

> 봉사 활동을 하면 다양한 직업 세계를 체험할 수 있고 풍부한 지식도 얻을 수 있습니다.

① 넉넉한   ② 부족한   ③ 두툼한

④ 나약한   ⑤ 얌전한

사자성어

3 다음 내용과 관계있는 사자성어에 ○표 하세요.

> 우리 조상들은 농사를 지을 때 서로의 일을 번갈아 가며 도와주었는데, 이것을 '품앗이'라고 한다.

⑴ 상부상조(相扶相助) → 서로서로 도움.   (   )

⑵ 다다익선(多多益善) → 많으면 많을수록 더욱 좋음.   (   )

⑶ 진퇴양난(進退兩難) → 이러지도 저러지도 못하는 어려운 처지.   (   )

● 지문의 난이도
상 중 하

● 문제의 난이도
상 중 하

가

옛날 어느 고을에 큰 *소동이 일어났어요.

조용하고 평화롭던 고을에서 하루가 멀다 하고 귀중한 물건들이 하나씩 없어졌기 때문이에요. 그저께 순득이네 마님이 아끼던 은반지 한 쌍이 감쪽같이 사라진 데 이어서 어제는 김 영감네 *곳간에 있던 쌀이 세 가마니나 없어지고 말았어요.

고을 사람들은 고민 끝에 원님을 찾아가 이 사실을 말했어요. 그리고 빨리 도둑을 잡아 달라고 요청하였지요. 원님은 일단 고을 사람들을 집으로 돌려보냈어요.

이튿날 깜깜한 밤이 되었어요. 원님이 고을 사람들을 한 명도 빠짐없이 불러 모은 뒤에 큰 소리로 말했어요.

"자, 모두 잘 들어라. 이 물 항아리 속에는 신통한 능력을 지닌 두꺼비가 한 마리 들어 있는데, 물 항아리 속에 손을 넣으면 그 두꺼비가 도둑이 누구인지 금방 알아낼 것이다. 두꺼비가 ㉠그 사람의 손을 꽉 물고 놓아주지 않을 것이니라."

원님의 말을 들은 고을 사람들은 차례차례 줄을 서서 물 항아리 속에 손을 넣었어요.

그런데 참 이상했어요. 아무도 두꺼비에게 손을 물린 사람이 없는 거예요.

잠시 뒤, 원님은 컴컴한 마당에 불을 환하게 밝히고 고을 사람들의 손을 하나하나 꼼꼼히 살펴보았어요. 그러더니 돌쇠 앞에 멈춰 서서 버럭 소리를 질렀어요.

"네 이놈! 바른대로 말하렷다! 네놈이 물건을 훔쳤느냐?"

돌쇠는 얼굴이 새파랗게 변하더니 부들부들 몸을 떨기 시작했어요.

원님은 고을 사람들을 바라보며 *근엄한 얼굴로 말했어요.

"사실 이 물 항아리 속에 두꺼비는 없다. 하지만 내가 물 항아리 속에 파란 물감을 풀어 놓았기 때문에 물 항아리 속에 손을 넣으면 파랗게 물들 수밖에 없는데 돌쇠의 손에는 파란 물이 전혀 들지 않았구나. 자신이 나쁜 짓을 한 것을 들킬까 봐 물 항아리 속에 손을 넣는 척만 한 것이니라."

낱말 뜻

*소동: 사람들이 놀라거나 흥분하여 시끄럽게 법석거리고 떠들어 대는 일.
*곳간: 물건을 간직하여 두는 곳.
*근엄한: 점잖고 엄숙한.

고을 사람들은 그제야 고개를 끄덕였어요. 그리고 신통한 능력을 가진 두꺼비를 내세워 도둑을 잡아낸 원님의 (㉡)에 칭찬을 아끼지 않았답니다.

나

예로부터 사람들은 모란과 작약을 무척 귀하게 여기고 좋아하였다. *자개로 만든 가구를 비롯하여 그릇, *자수, *회화 등에서도 모란과 작약을 흔히 볼 수 있는 것으로 보아, 사람들에게 얼마나 많은 사랑을 받아 왔는지 짐작할 수 있다.

모란과 작약은 해마다 5월쯤 되면 큼지막하게 꽃을 피우는데 두 꽃의 생김새가 비슷하여 구별해 내기가 어렵다. 하지만 모란과 작약은 차이점이 많다.

모란은 '목단'이라고도 불리는 나무이다. 모란은 다 자라면 키가 2미터 정도 되고 가지가 굵으며 털이 없다. 모란꽃은 사람들의 시선을 사로잡을 만큼 워낙 크고 강렬하기 때문에 '꽃 중의 왕'이라고도 불린다. 그러나 아쉽게도 모란꽃이 피어 있는 기간은 길어야 5일을 넘기지 않는다. 꽃잎이 피고 나면 2~3일 내로 시들어 버리기 때문이다. 옛날에는 이사를 하거나 *개업을 하는 집에 모란이 그려진 그림을 선물로 많이 주었다. 그 까닭은 모란이 *부귀를 가져다준다고 믿었기 때문이다.

이에 비해 작약은 여러해살이풀에 속하는 풀이다. 작약은 잎에서 광택이 나고 뒷면이 엷은 녹색이다. 꽃이 크고 탐스러워서 사람들이 '함박꽃'이라고 부르기도 한다. 꽃은 5~6일 동안 피어 있는데, 달콤한 향기와 꿀이 들어 있어서 벌이 많이 모여든다. 작약은 꽃 색깔이 아름다워 '꽃 중의 꽃'으로 불린다. 하지만 사람들이 작약을 귀하게 여긴 까닭은 꽃이 아닌 뿌리 때문이다. 작약은 사실 뿌리를 가리키는 말인데, 작약의 뿌리는 *한방에서 5대 약재 중 하나로 손꼽힌다. 그래서 조선 시대 양반집 *안채에는 작약을 많이 심었다. ㉢이것을 통해 아름다운 꽃도 보고 뿌리를 이용해서 병을 치료하려는 우리 조상들의 (㉣)을/를 엿볼 수 있다.

▲ 모란

▲ 작약

> ▶ 낱말 뜻

*자개: 금조개 껍데기를 썰어 낸 조각. 빛깔이 아름다워 여러 가지 모양으로 잘게 썰어 가구를 장식하는 데 씀.

*자수: 옷감이나 헝겊 따위에 여러 가지의 색실로 그림, 글자, 무늬 따위를 수놓는 일. 또는 그 수.

*회화: 여러 가지 선이나 색채로 평면에 그림을 그려 내는 미술의 한 분야.

*개업: 영업을 처음 시작함.

*부귀: 재산이 많고 지위가 높음.

*한방: 중국에서 발달하여 우리나라에 전래된 의술.

*안채: 한 집 안에 안팎 두 채 이상의 집이 있을 때, 안에 있는 집채.

1

짜임

글 **가**와 **나** 중 다음과 같은 방법으로 읽어야 하는 글의 기호를 쓰세요.

- 글에서 설명하는 대상과 글의 짜임을 파악하며 읽는다.
- 글에 제시된 정보가 정확하고 믿을 만한지 확인하며 읽는다.

( )

2

짜임

글 **가**에서 일이 일어난 차례대로 번호를 쓰세요.

(1) 고을 사람들이 원님을 칭찬했다. ( )

(2) 평화롭던 고을에 귀중한 물건들이 하나씩 없어졌다. ( )

(3) 고을 사람들이 원님에게 도둑을 잡아 달라고 요청했다. ( )

(4) 원님이 돌쇠가 물건을 훔쳐 간 도둑이라는 것을 밝혀냈다. ( )

(5) 원님이 고을 사람들을 불러 물 항아리 속에 손을 넣으라고 했다. ( )

3

감상

글 **가**에 나오는 인물에 대한 자신의 생각을 바르게 말한 친구는 누구인지 쓰세요.

태건: 돌쇠에게 물건을 훔쳤냐고 물어본 것으로 보아, 원님은 의심을 잘하는 성격인 것 같아.

윤기: 두꺼비에게 손을 물린 사람이 아무도 없는 것으로 보아, 고을 사람들은 조심성이 많은 것 같아.

성만: 원님이 소리쳤을 때 돌쇠의 얼굴이 새파랗게 변한 것으로 보아, 돌쇠는 마음이 착하고 여린 것 같아.

희수: 도둑을 잡아 달라는 고을 사람들의 요청을 들어준 것으로 보아, 원님은 책임감이 매우 강한 것 같아.

( )

4 글 **나**에서 설명한 모란과 작약에 대한 내용으로 알맞지 <u>않은</u> 것은 무엇인가요?

내용 이해

(   )

① 모란은 나무이지만 작약은 풀이다.

② 모란과 작약은 꽃의 생김새가 비슷하다.

③ 모란과 작약은 5월쯤 되면 꽃을 피운다.

④ 사람들은 오래전부터 모란과 작약을 좋아하였다.

⑤ 모란과 작약은 사람들의 시선을 끌 만큼 오랫동안 꽃이 핀다.

5 다음은 모란꽃이 그려진 작품들입니다. 글 **나**의 내용과 다음 작품들을 바탕으로 짐작

적용·창의

한 사실로 알맞은 것에 ○표 하세요.

▲ 모란 병풍

▲ 청자 상감 모란 무늬 항아리

▲ 나전 칠 모란넝쿨 무늬 상자

(1) 다양한 예술품에 모란꽃을 그려 넣었다.   (   )

(2) 예술품에 모란꽃을 그려 넣기 시작한 것은 오래되지 않았다.   (   )

(3) 신분이 높은 사람들만 모란꽃이 그려진 예술품을 사용하였다.   (   )

6 글 **가**의 ㉠'그 사람'과 글 **나**의 ㉢'이것'이 가리키는 내용을 각각 쓰세요.

내용 이해

(1) ㉠: (   )

(2) ㉢: (   )

7 ㉡과 ㉣에 공통으로 들어갈 알맞은 낱말은 무엇인가요? (   )

추론

① 지혜   ② 욕심   ③ 용기

④ 교만   ⑤ 인색

한 주 동안 배운 낱말을 떠올리며 다음 문제를 풀어 보세요.

❶	❷			❸	❹
			❺		
		❻			
	❾				
❿			❼	❽	

가로 →

❶ 어려운 형편이나 처지.
　❲예❳ ○○에 처한 사람을 도와주었다.

❸ 밖으로 흘러 나감.

❻ 여럿 사이에 서로 같은 점.

❼ 뜻밖에 일이 잘되어 운이 좋음.
　❲예❳ 무사히 기차를 타서 ○○이다.

❿ 어떤 목적을 이루기 위하여 힘을 들이고 애를 씀. ❲예❳ 끊임없이 ○○한 결과

세로 ↓

❷ 놓여 있는 조건이나 형편.
　❲예❳ 뮤지컬은 공연하는 나라의 언어로 바꾸어 부르는 ○○가 많다.

❹ 무대나 영화, 방송 등에 나와 연기나 연주를 함.

❺ 신기할 정도로 묘하다.

❽ 어떤 일을 시행함. 또는 그 일. ❲예❳ 할인 ○○

❾ 힘을 합해 서로 도움.

정답 및 해설 16쪽에서 확인하세요.

 **쉬어가기** 로봇이 충전을 해야 하나 봐요. 딱 맞는 콘센트에 ○표 하세요.

정답 및 해설 16쪽에서 확인하세요.

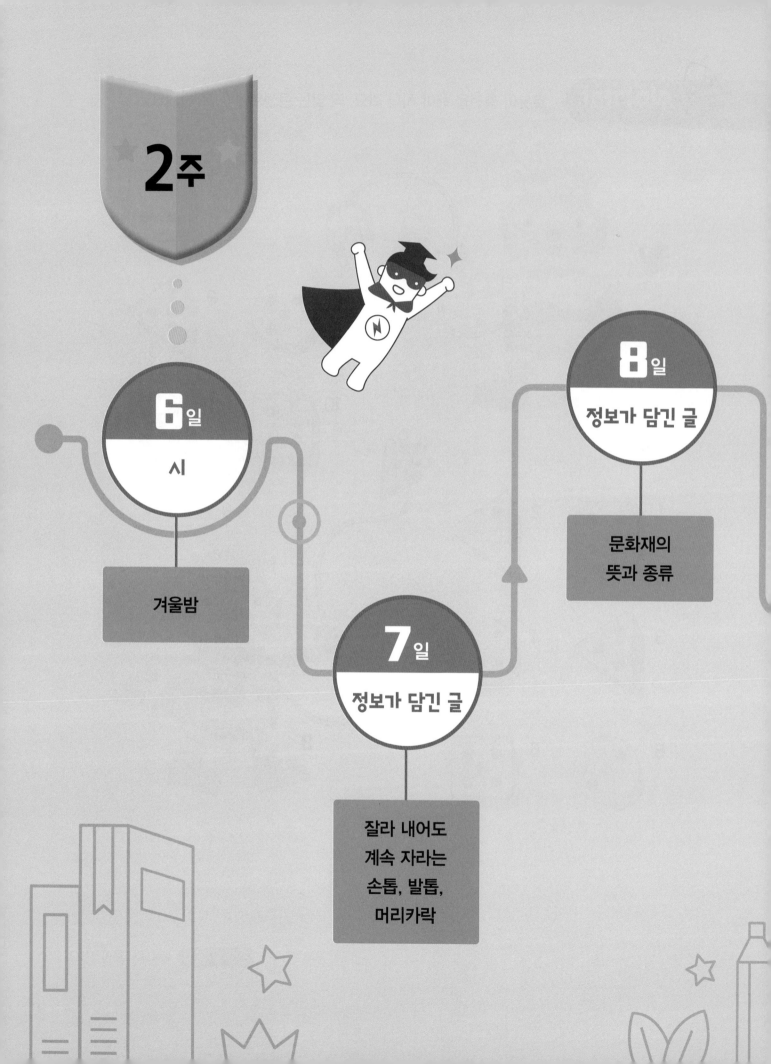

2주

6일
시

겨울밤

7일
정보가 담긴 글

잘라 내어도
계속 자라는
손톱, 발톱,
머리카락

8일
정보가 담긴 글

문화재의
뜻과 종류

10일

최상위 독해

• 감기와 독감
• 올바르게 약을 먹자

9일

의견이 담긴 글

온실가스
배출량을
줄이자

⊙

강소천

바람이 쏴아 쏴아 쏴아 부는 밤
*문풍지가 부웅붕 우는 밤
겨울밤 추운 밤.

우리는 *화롯가에 모여 앉아
감자를 구워 먹으며 옛날얘기를 합니다.

언니는 호랑이 이야기
누나는 공주 이야기
나는 오늘 밤도 토끼 이야기.

감자를 두 번씩이나 구워 먹고 나도
우리는 잠이 안 옵니다.
겨울밤은 길고 깁니다.

우리는 콩을 볶아 먹습니다.
*강냉이를 튀겨 먹습니다.
그래도 겨울밤은 아직도 멀었습니다.

* 문풍지: 문틈으로 새어 들어오는 바람을 막기 위하여 문짝 주변을 돌아가며 바른 종이.
* 화롯가: 화로(숯불을 담아 놓는 그릇. 주로 불씨를 보존하거나 난방을 위하여 씀.)의 옆.
* 강냉이: '옥수수'의 열매. 쪄 먹거나 떡, 묵, 밥, 술 따위를 만들어 먹음.

1 [주제] ㉠에 들어갈 이 시의 제목으로 알맞은 것은 무엇인가요? (   )

① 바람   ② 문풍지   ③ 겨울밤

④ 화롯가   ⑤ 옛날이야기

2 [어휘·표현] 이 시에서 채원이의 설명에 해당하는 부분은 몇 연인지 쓰세요.

소리를 실제로 듣는 것처럼 생생하고 실감 나게 표현하였어.

채원

(   )

3 [내용 이해] 아이들이 감자를 두 번씩이나 구워 먹은 까닭은 무엇인가요? (   )

① 배가 너무 고파서   ② 잠이 오지 않아서

③ 감자가 너무 많아서   ④ 바람이 세차게 불어서

⑤ 감자밖에 먹을 것이 없어서

4 [감상] 이 시를 읽고 떠올릴 수 있는 장면으로 알맞은 것의 기호를 쓰세요.

> ㉮ 아이들이 추위에 떨며 저녁밥을 차리는 장면
> ㉯ 아이들이 화롯가에 모여 앉아 도란도란 이야기를 나누는 장면
> ㉰ 아이들이 방 안에 누워 할머니가 들려주시는 옛날이야기에 귀를 기울이는 장면

(   )

5 추론

이 시에서 느껴지는 분위기로 알맞은 것을 두 가지 고르세요. (   )

① 희망차다.　　　　② 따뜻하다.　　　　③ 쓸쓸하다.

④ 평화롭다.　　　　⑤ 긴장된다.

6 감상

이 시를 읽고 자신의 생각이나 느낌을 바르게 말하지 <u>못한</u> 친구는 누구인지 쓰세요.

> 기영: 이 시에 나오는 아이들은 우애가 깊은 것 같아.
>
> 윤아: 추운 겨울밤에 엄마를 그리워하는 '나'의 마음이 잘 느껴져.
>
> 승준: 나도 추운 겨울밤에 잠이 오지 않아 형과 한참을 이야기한 적이 있어.

(   )

7 적용·창의

이 시에 나오는 인물의 마음이 잘 드러나게 5연의 일부분을 바꾸어 쓰세요.

> 우리는 콩을 볶아 먹습니다.
> 강냉이를 튀겨 먹습니다.
> 그래도 겨울밤은 아직도 멀었습니다.

↓

>
>
> 그래도 겨울밤은 아직도 멀었습니다.

어휘력 강화

낱말의 뜻

1 다음 문장에 알맞은 낱말을 ( ) 안에서 골라 ○표 하세요.

(1) 쌀알을 (흘려서, 튀겨서) 엿을 버무린 뒤 강정을 만들었다.

(2) 엄마는 프라이팬에 기름을 두르고 고기를 (볶았다, 꺾었다).

(3) 찬바람이 들어오지 않게 창가에 (문풍지, 가락지)를 발랐다.

합성어

2 보기와 같이 낱말을 나누어 보세요.

> **보기**
> • 화롯가 → 화로 + ㅅ + 가 　　　 • 나뭇잎 → 나무 + ㅅ + 잎

(1) 고깃배 → (　　　　　　　　)

(2) 제삿날 → (　　　　　　　　)

관용어　　→ 둘 이상의 낱말이 어울려 원래의 뜻과는 전혀 다른 새로운 뜻으로 굳어져서 쓰이는 표현을 말해.

3 빈칸에 들어갈 관용어로 알맞은 것에 ○표 하세요.

> 이 시에 나오는 '나'처럼 나도 누나에게 토끼 이야기를 여러 번 하였다. 그랬더니 누나는 토끼 이야기는 　　　　　 들어 지겹다고 했다.

(1) 귀가 가렵도록 → 남이 제 말을 한다고 느낀다는 뜻. 　　　　　　(　)

(2) 귀에 못이 박히도록 → 같은 말을 여러 번 들었다는 뜻. 　　　　　(　)

(3) 귀가 번쩍 뜨이도록 → 들리는 말에 선뜻 마음이 끌린다는 뜻. 　　(　)

잘라 내어도 계속 자라는 손톱, 발톱, 머리카락

1 우리 몸에는 잘라 내어도 계속 자라는 것이 있습니다. 그중에서 손톱과 발톱, 머리카락에 대해 알아볼까요?

2 손톱과 발톱은 피부가 딱딱하게 변한 것으로, 단백질의 한 종류인 '케라틴'이라는 성분으로 이루어져 있는데 아주 단단해서 쉽게 부러지지 않습니다. 손톱과 발톱은 손가락이나 발가락을 보호하고 물건을 잡거나 걷는 데 도움을 줍니다.

머리카락은 케라틴 성분을 가진 죽은 세포들이 모인 것입니다. 머리카락은 우리 몸의 열이 머리를 통해 빠져나가는 것을 막아 주고, 외부 충격과 *자외선으로부터 머리를 보호합니다.

3 우리 눈에 잘 보이지는 않지만 손톱과 발톱, 머리카락은 매일 아주 조금씩 자라고 있습니다. 손톱과 발톱, 머리카락이 자라는 속도는 나이, 성별, 계절 등에 따라 조금씩 다릅니다.

손톱은 하루 평균 0.1밀리미터, 발톱은 0.05밀리미터 정도 자랍니다. 다시 말해서 손톱이 발톱보다 약 두 배 정도 빠른 속도로 자라는 것입니다. 손톱이 발톱보다 빨리 자라는 까닭은 손톱이 외부에 더 많이 *노출되기 때문입니다. 손톱은 30세까지는 나이가 들수록 빨리 자라지만 30세가 넘으면 나이가 들수록 자라는 속도가 점점 느려집니다. 또 손톱은 겨울보다 여름에 빨리 자라고, 밤보다 낮에 빨리 자랍니다. 이는 햇빛을 많이 받을수록 손톱 성장에 관여하는 *호르몬의 양이 많아지기 때문입니다.

머리카락은 하루 평균 0.3밀리미터 정도 자랍니다. 머리카락이 자라는 속도는 남성이 여성보다 더 빠릅니다. 또 *청년기에 자라는 속도가 가장 빠르고, 나이가 들수록 점차 느려집니다. 계절에 따라서는 봄에서 초여름에 성장 속도가 가장 빠르고, 하루 중에는 오전 10~11시에 가장 빠른 속도로 자랍니다.

*자외선: 눈에 보이지 않지만 살갗을 검게 태우고 세균이나 곰팡이를 죽이는 빛.
*노출되기: 겉으로 드러나기.
*호르몬: 몸의 한 부분에서 나와 몸 안을 돌면서 다른 조직이나 기관의 활동을 조절하는 물질.
*청년기: 대개 20대 전후의 시기.

1 주제

이 글의 중심 낱말로 알맞은 것을 모두 고르세요. (   )

① 손톱   ② 발톱   ③ 피부
④ 케라틴   ⑤ 머리카락

2 짜임

이 글에서 설명한 내용이 <u>아닌</u> 것을 두 가지 고르세요. (   )

① 손톱, 발톱, 머리카락의 역할
② 손톱, 발톱, 머리카락의 수명
③ 손톱, 발톱, 머리카락을 이루고 있는 성분
④ 손톱, 발톱, 머리카락을 건강하게 관리하는 방법
⑤ 손톱, 발톱, 머리카락이 자라는 데 영향을 끼치는 요소

3 추론

다음 내용을 통해 짐작할 수 있는 사실은 무엇인가요? (   )

> 손톱은 겨울보다 여름에 빨리 자라고, 밤보다 낮에 빨리 자랍니다. 이는 햇빛을 많이 받을수록 손톱 성장에 관여하는 호르몬의 양이 많아지기 때문입니다.

① 햇빛을 많이 받을수록 손톱이 더 빨리 자란다.
② 잠을 오래 자는 사람일수록 손톱이 더 빨리 자란다.
③ 낮에는 손톱 성장에 관여하는 호르몬의 양이 줄어든다.
④ 겨울에는 손톱 성장에 관여하는 호르몬의 양이 많아진다.
⑤ 손톱만 보아도 그 사람의 건강 상태가 어떠한지 알 수 있다.

4 내용 이해

글 ❸을 읽고 손톱과 발톱, 머리카락이 하루 평균 얼마나 자라는지 속도를 비교하여 쓰세요.

_____

_____

5 이 글의 내용과 다른 것에 ×표 하세요.

내용 이해

⑴ 손톱과 발톱, 머리카락은 우리 몸을 보호하는 역할을 한다. ( )

⑵ 손톱과 발톱, 머리카락은 잘라 내어도 계속 자라는 특성이 있다. ( )

⑶ 손톱과 발톱, 머리카락은 피부가 딱딱하게 변한 것으로, 성분이 모두 다르다.

( )

6 ◦보기◦처럼 뜻이 비슷한 낱말끼리 짝 지어진 것을 두 가지 고르세요. ( )

어휘·표현

◦ 보기 ◦	딱딱하다 – 단단하다

① 낮 – 밤 ② 성분 – 성격

③ 나이 – 연령 ④ 속도 – 속력

⑤ 성장 – 노화

7 이 글을 읽고 더 알아보고 싶은 내용을 바르게 말한 친구는 누구인지 쓰세요.

비판

민아: 손톱과 발톱이 자라는 속도가 왜 다른지 알아보고 싶어.

성연: 머리카락을 이루고 있는 단백질 성분이 무엇인지 알아보고 싶어.

재경: 손톱과 발톱, 머리카락의 성장에 도움을 주는 음식에는 무엇이 있는지 알아

보고 싶어.

( )

어휘력 강화

낱말의 뜻

1 빈칸에 알맞은 낱말을 ⊙보기⊙에서 찾아 쓰세요.

> ⊙보기⊙   노출   성분   관여

(1) 수입 농산물에서 농약 (   )이/가 나왔다.

(2) 햇빛에 장시간 (   )되면 건강에 무척 해롭다.

(3) 남의 일에 함부로 (   )하지 않는 게 나을 것 같다.

포함되는 말

2 밑줄 친 낱말에 포함되지 <u>않는</u> 낱말은 무엇인가요? (   )

> 손톱과 발톱, 머리카락이 자라는 속도는 <u>계절</u>에 따라 조금씩 다르다.

① 봄   ② 초여름   ③ 늦가을

④ 한밤중   ⑤ 한겨울

관용어

3 빈칸에 들어갈 관용어로 알맞은 것에 ○표 하세요.

> 나는 　　　　　 지금까지 해외여행을 간 적이 한 번도 없다.

(1) 머리에 털 나고 → 태어나서라는 뜻.   (   )

(2) 머리가 빠지고 → 일이 복잡하거나 어려워 신경이 쓰인다는 뜻.   (   )

(3) 머리에 쥐가 나고 → 싫고 두려운 상황에서 의욕이나 생각이 없어진다는 뜻.

                                               (   )

1 ㉠조상들이 남긴 것들 중에서 역사적·문화적·*학술적으로 가치가 높아 보호해야 할 것을 '문화재'라고 합니다. 문화재는 우리 민족이 살아온 역사를 알 수 있게 해 주는 귀중한 자료일 뿐만 아니라, 조상들의 삶의 지혜가 담겨 있는 소중한 유산입니다. 문화재는 형태나 내용에 따라 크게 유형 문화재, 무형 문화재, 기념물, 민속 자료로 나누어집니다.

2 문화재 중에서 일정한 형태나 모양이 있고 손으로 만질 수 있는 것을 '유형 문화재'라고 합니다. ㉡궁궐이나 탑, 도자기, 책, 그림이나 글씨처럼 일정한 형태나 모양이 있는 것들이지요. 대표적인 유형 문화재에는 국보 제1호인 숭례문을 비롯하여 원각사지 10층 석탑 등이 있습니다.

3 다음으로 일정한 형태나 모양이 없어서 보관할 수 없는 문화재를 '무형 문화재'라고 합니다. 판소리, 무용, 음악 등은 물론 우리나라의 전통 부채나 항아리 등을 만드는 기술도 모두 무형 문화재에 속하지요. ㉢대표적인 예로 종묘 제례악, 양주 별산대놀이, 봉산 탈춤 등을 들 수 있습니다. 무형 문화재는 유형 문화재와 달리 ┌─────㉮─────┐ 그 예능이나 기능을 가지고 있는 사람을 '인간 문화재'로 지정하여 보존하고 있습니다.

4 궁터나 절터, 옛 무덤, 가마터와 같이 역사적으로 가치가 있고 경치가 뛰어난 곳들은 '기념물'로 지정하여 보호하고 있습니다. ㉣예술적 가치가 크고 아름다운 자연 경관, 희귀하거나 보존 가치가 높은 동물이나 식물, 동굴, 광물 등도 '기념물'에 해당됩니다.

5 의식주나 *생업, 신앙, 연중행사 등 우리 조상들의 삶의 모습이나 *풍습, 특색을 보여 주는 중요한 의복이나 기구, 가옥 등의 '민속 자료'도 문화재입니다. 민속 자료는 우리 민족의 생활이 어떻게 변화하였는지를 이해하는 데 많은 도움을 줍니다.

6 문화재는 역사적으로 중요한 자료일 뿐만 아니라 미래의 우리 문화를 더욱 발전시켜 나가는 밑거름이 됩니다. ㉤우리 모두 문화재를 아끼고 보호하여 후세에 잘 물려주어야 할 것입니다.

* 학술적: 학문과 기술에 관한 것.
* 생업: 살아가기 위하여 하는 일.
* 연중행사: 해마다 일정한 시기를 정하여 놓고 하는 행사.
* 풍습: 풍속과 습관을 아울러 이르는 말.

1

주제

이 글의 제목으로 알맞은 것은 무엇인가요? (   )

① 역사적 가치

② 조상의 지혜

③ 귀중한 자료

④ 문화재의 뜻과 종류

⑤ 유형 문화재와 무형 문화재

2

내용 이해

이 글을 읽고 문화재에 대해 바르게 이해하지 <u>못한</u> 것에 ×표 하세요.

⑴ 숭례문과 원각사지 10층 석탑은 유형 문화재에 속한다.   (   )

⑵ 절터나 가마터는 조상들의 삶의 모습을 잘 보여 주는 민속 자료이다.   (   )

⑶ 종묘 제례악, 양주 별산대놀이, 봉산 탈춤 등은 일정한 형태나 모양이 없는 무형

문화재에 속한다.   (   )

3

내용 이해

㉠~㉤ 중에서 글쓴이의 의견이 드러난 부분의 기호를 쓰세요.

(   )

4

추론

㉮에 들어갈 내용으로 알맞은 것은 무엇인가요? (   )

① 쉽게 망가지기 때문에

② 인간이 만든 것이기 때문에

③ 형태가 자꾸 달라지기 때문에

④ 조상의 지혜가 담겨 있기 때문에

⑤ 보관할 수 없는 예능이나 기능이기 때문에

5

추론

2 ~ 6 문단 중에서 다음 내용을 덧붙이기에 알맞은 부분은 어디인가요? (   )

국가 민속 문화재 제1호인 덕온 공주 당의는 조선의 제23대 왕 순조의 셋째 공주인 덕온 공주가 입었던 옷으로, 조선 후기 상류층의 의복이 어떠했는지를 파악할 수 있는 문화재입니다.

① **2** 문단   ② **3** 문단   ③ **4** 문단
④ **5** 문단   ⑤ **6** 문단

6

비판

이 글을 읽고 문화재에 대한 자신의 생각을 바르게 말하지 못한 친구의 이름을 쓰세요.

혜선: 문화재는 역사를 공부할 때 중요한 자료가 돼.
영태: 우리 민족의 삶이 어떻게 변화했는지 이해하려면 문화재를 살펴보는 게 도움이 돼.
준용: 오래되고 낡은 문화재를 보호하기보다는 현대 기술을 사용하여 고쳐 나가는 게 좋아.

(   )

7

적용·창의

다음은 문화재의 종류 중 무엇에 해당하는지 이 글에서 찾아 쓰세요.

(1)

▲ 우리나라의 대표적
석탑인 다보탑

(   )

(2)

▲ 청동기 시대 대표적
무덤인 고인돌

(   )

어휘력 강화

낱말의 뜻

1 다음 문장에 알맞은 낱말을 ( ) 안에서 골라 ○표 하세요.

⑴ 그의 소설은 읽을 만한 (가치, 자치)가 있다.

⑵ 마을 사람들은 강을 (보고하기, 보존하기) 위해서 노력했다.

⑶ 아름답고 깨끗한 자연환경을 (신세, 후세)에 물려주어야 한다.

고유어   → 우리말에 본디부터 있던 낱말이나 그것을 바탕으로 하여 새로 만들어진 낱말이야.

2 다음 중 낱말을 고유어로 바르게 바꾸지 **못한** 것은 무엇인가요? ( )

① 의복 → 옷   ② 무용 → 춤

③ 가옥 → 집   ④ 음악 → 소리

⑤ 형태 → 생김새

사자성어

3 빈칸에 들어갈 사자성어로 알맞은 것에 ○표 하세요.

> 우리 민족이 살아온 역사를 알게 해 주고, 조상들의 삶의 지혜가 담겨 있는 귀중한 문화재를 아끼고 보호하여 _____ 물려주어야 한다.

⑴ 대대손손(代代孫孫) → 오래도록 내려오는 여러 대.   ( )

⑵ 남녀노소(男女老少) → 남자와 여자, 늙은이와 젊은이란 뜻으로, 모든 사람을 이르는 말.   ( )

⑶ 갑남을녀(甲男乙女) → 갑이란 남자와 을이란 여자라는 뜻으로, 평범한 사람들을 이르는 말.   ( )

1 온실가스의 양이 늘어나 지구 온난화가 점점 심해져 우리 생활에 큰 영향을 받고 있다. 가뭄이 계속되어 농산물 가격이 치솟아 사람들이 잘 구매하지 못하게 되는 경우가 그 예이다. 따라서 온실가스의 양을 줄이기 위해 노력해야 한다. 이를 위해서 우리가 실천할 수 있는 일은 다음과 같다.

2 첫째, 가까운 지역에서 생산된 친환경 *유기농 농산물을 구입한다. 먼 곳에서 생산되거나 외국에서 수입한 농산물을 운송하려면 *선박, 항공, 차량 등을 이용해야 하는데 이 과정에서 온실가스가 *배출되기 때문이다. 또한 중요한 것은 바로 (　　　　⊙　　　　)이다. 농산물을 재배할 때 *화학 비료를 사용하는 경우가 있는데 이 화학 비료 생산 과정에서 온실가스가 많이 배출된다. 따라서 화학 비료를 사용하지 않고 기른 농산물을 구입해야 한다. 건강 측면에서도 ⓛ이러한 농산물을 구입하는 게 좋다.

3 둘째, 꼭 필요한 재료만 구입하여 음식물 쓰레기를 줄인다. 우리나라의 경우, 음식물의 약 15퍼센트가 쓰레기로 버려지고 있다. 음식물 쓰레기가 배출하는 온실가스의 양은 전체 온실가스 배출량의 8퍼센트 정도를 차지하기 때문에 음식물 쓰레기를 줄이는 것만으로도 온실가스 배출량을 줄이는 데 매우 효과적이다.

4 셋째, 육류 소비를 줄인다. 가축의 방귀나 트림, 똥과 오줌에서 나오는 온실가스는 지구 온난화의 *주범으로 손꼽히고 있다. 또한 소나 돼지, 닭에게 먹일 사료를 재배할 토지를 얻기 위해 숲의 나무를 베어 내 생태계가 파괴되고, 온실가스의 농도도 높아지고 있다.

5 온실가스 배출량을 줄이기 위해 우리 모두가 자발적으로 행동해야 한다. 그러기 위해서 가까운 지역에서 생산된 친환경 유기농 농산물을 구입하고, 음식물을 쓰레기를 줄이며, 육류 소비를 줄여야 할 것이다.

*온실가스: 지구 대기를 오염시켜 온실 효과를 일으키는 가스를 통틀어 이르는 말. 이산화 탄소, 메탄 따위의 가스를 말함.
*유기농: 농약이나 화학 비료를 쓰지 않고 농사를 짓는 것.
*선박: 여러 시설이 갖추어진 큰 배.
*배출되기: 안에서 밖으로 밀려 내보내지기.
*화학 비료: 화학적으로 처리하여 만든 인공 비료.
*주범: 어떤 일에 대하여 좋지 않은 결과를 만드는 주된 원인.

1

짜임

글쓴이가 제기한 문제 상황이 드러난 것은 몇 문단인가요? (   )

① **1**문단   ② **2**문단

③ **3**문단   ④ **4**문단

⑤ **5**문단

2

주제

이 글에 담긴 글쓴이의 주장은 무엇인가요? (   )

① 농산물 수입을 줄이자.

② 농산물의 가격을 낮추자.

③ 식량이 부족한 나라를 돕자.

④ 온실가스 배출량을 줄이기 위해 노력하자.

⑤ 첨단 기술을 활용하여 기후 예측을 정확하게 하자.

3

추론

㉠에 들어갈 내용으로 알맞은 것은 무엇인가요? (   )

① 새로운 품종의 농산물을 개발해야 한다는 점

② 제철에 생산된 농산물을 선택해야 한다는 점

③ 친환경 유기농 농산물을 선택해야 한다는 점

④ 국내에서 재배된 농산물을 선택해야 한다는 점

⑤ 싱싱하고 보기 좋은 농산물을 선택해야 한다는 점

4

내용 이해

㉡은 무엇을 가리키는 말인지 **5**문단에서 찾아 쓰세요.

(   )

5 글쓴이의 주장을 뒷받침하는 근거 세 가지를 쓰세요.

내용 이해

(1) (   )(에)서 생산된 친환경 유기농 농산물을 구입한다.

(2) 꼭 필요한 재료만 구입하여 (   )을/를 줄인다.

(3) (   )을/를 줄인다.

6 글쓴이가 든 근거가 적절한지에 대하여 바르게 말하지 <u>못한</u> 친구는 누구인지 쓰세요.

비판

> 수지: 친환경 유기농 농산물을 구입하면 그만큼 화학 비료를 덜 쓰게 되므로 근거
> 로 적절해.
> 해진: 음식물 쓰레기를 줄이면 음식물을 처리하는 과정에서 발생하는 온실가스도
> 줄어드니까 근거로 적절해.
> 서연: 사람마다 좋아하는 음식이 다르므로 육류 소비를 줄이는 것은 글쓴이의 주
> 장을 설득력 있게 뒷받침하지 못해.

(   )

7 글쓴이가 제기한 문제 상황으로 인해 발생할 수 있는 일과 거리가 <u>먼</u> 것은 무엇인가
요? (   )

적용·창의

① 해수면이 높아져 도시가 물에 잠긴다.

② 빙하가 녹아내려 바닷물의 높이가 높아진다.

③ 이상 기후로 인해 농작물이 잘 자라지 못한다.

④ 사생활이 노출되기 쉽고 일자리가 부족해진다.

⑤ 지구 환경이 바뀌면서 곳곳에서 자연재해가 발생한다.

어휘력 강화

낱말의 뜻

1 빈칸에 알맞은 낱말을 ○보기○에서 찾아 쓰세요.

> ○ 보기 ○   배출   재배   운송

(1) 배보다 비행기로 (   )하는 것이 더 빠르다.

(2) 쓰레기를 (   )할 때에는 종류별로 나누어서 버려야 한다.

(3) 비닐하우스에서 (   )한 배추는 계절에 관계없이 살 수 있다.

파생어

2 빈칸에 공통으로 들어갈 글자는 무엇인가요? (   )

> • ☐뜨다: 눈을 위쪽으로 뜨다.
> • ☐솟다: 위쪽으로 힘차게 솟다.
> • ☐닫다: 위쪽으로 달리다. 또는 위쪽으로 달려 올라가다.

① 되   ② 치   ③ 햇

④ 맨   ⑤ 풋

관용어

3 다음 내용과 관계있는 관용어에 ○표 하세요.

> 온실가스 배출량을 줄이기 위해 우리 모두가 자발적으로 행동해야 한다.

(1) 배를 두드리다 → 생활이 풍족하여 편하게 지낸다는 뜻.   (   )

(2) 소매를 걷어붙이다 → 어떤 일에 아주 적극적인 태도를 취한다는 뜻.   (   )

(3) 입을 막다 → 시끄러운 소리나 자기에게 불리한 말을 하지 못하게 한다는 뜻.

                                                                          (   )

가

1 감기 증상이 심하면 독감에 걸렸다고 생각하는 사람이 많다. 그런데 감기와 독감은 원인, 증상 등이 다른 질병이다.

2 감기의 원인은 200여 개 이상의 바이러스인데, 그중에서 '리노 바이러스'와 '코로나 바이러스'가 가장 대표적이다. 감기는 원인이 되는 바이러스의 종류가 많기 때문에 한 번 감기에 걸렸다가 나아도 또다시 감기에 걸릴 수 있다.

3 감기는 바이러스에 노출된 지 1~3일 후에 증상이 나타나는데, 일반적으로 재채기, 콧물, 코 막힘, 기침, 미열 등이 나타나며 회복이 빠른 편이다. 하지만 감기에 걸리면 *중이염이나 *폐렴 등이 *동반될 수 있다. 중이염은 어린아이에게서 발생하는 경우가 많고 폐렴은 어린아이뿐만 아니라 65세 이상의 노인에게서도 발생하는 경우가 많다.

4 독감은 인플루엔자 바이러스가 원인이 되어 발생하는데, 인플루엔자 바이러스는 A, B, C 세 가지 형태가 있다.

5 독감은 1~5일의 *잠복기를 거친 뒤에 증상이 나타난다. 독감에 걸리면 두통과 더불어 38도가 넘는 열, 몸살, 마른기침, *오한이 발생하면서 기침, 콧물, 코 막힘 등의 호흡기 증상이 함께 나타날 수 있다. 대부분 일주일 이내에 회복되지만 노인이나 *면역력이 낮은 환자들은 폐렴이나 *천식 등으로 이어질 수도 있다.

6 독감은 백신을 접종하면 70~90퍼센트 정도 예방을 할 수 있다. 하지만 예방 접종의 효과가 1년밖에 되지 않기 때문에 해마다 예방 접종을 해야 하며, 11월 이전에 하는 것이 좋다. 하지만 감기는 원인이 되는 바이러스의 종류가 굉장히 많기 때문에 백신이 없다.

7 이렇게 감기와 독감은 원인, 증상 등에서 차이가 나는 질병이지만 예방 방법은 같다. 감기와 독감에 걸리지 않으려면 평소에 영양분을 골고루 섭취하고 규칙적인 생활을 하여 면역력을 높여야 한다. 그리고 사람이 많이 모이는 곳을 피하고, 외출했다 돌아오면 손을 깨끗이 씻어야 한다. 또한 실내에 적절한 습도를 유지하는 것도 중요하다.

● 지문의 난이도
상 중 하

● 문제의 난이도
상 중 하

낱말 뜻

*중이염: 고름 병원균 때문에 일어나는 가운데귀의 염증.
*폐렴: 폐에 생기는 염증.
*동반될: 어떤 일이나 현상이 함께 나타날.
*잠복기: 어떤 자극, 원인이 작용하여 반응이 나타나기까지의 시간.
*오한: 몸이 오슬오슬 춥고 떨리는 증상.
*면역력: 몸 밖에서 들어온 병균을 이겨 내는 힘.
*천식: 기관지에 경련이 일어나는 병. 숨이 가쁘고 기침이 나며 가래가 심함.
*백신: 전염병에 대한 면역력을 기르기 위해 병의 균이나 독소를 이용하여 만든 약품.

나

  대부분의 사람들은 아플 때 약을 먹는다. 약을 먹으면 병이나 상처를 치료하거나 예방할 수 있다. 그런데 일부 사람들은 정확한 진찰을 받지 않은 채 함부로 약을 먹거나 정해진 양보다 더 많이 먹기도 한다. "잘 쓰면 약이 되고 못 쓰면 독이 된다."라는 말처럼 건강을 위해서는 올바른 방법으로 약을 먹어야 한다. 약을 바르게 먹는 방법은 다음과 같다.

  첫째, 약은 정해진 기간 내에 정해진 양만큼만 먹어야 한다. 정해진 기간보다 오래 약을 먹거나 정해진 양보다 많이 먹으면 우리 몸 안에 남아 있는 약 성분이 여러 가지 *부작용을 일으킬 수 있다. 특히 간과 신장에 부담을 주어 제 기능을 유지할 수 없게 된다.

  둘째, 나이에 맞는 약을 먹어야 한다. 어린이에게 어른용 약을 잘라서 먹이는 것은 매우 위험한 행동이다. 예를 들어, 어른용 *진통제를 어린이가 먹게 되면 뇌와 간에 *치명적인 *손상을 일으킬 수 있다. 어린이에게 함부로 어른용 약을 먹이는 일이 없도록 해야 한다.

  셋째, 약은 물과 함께 먹어야 한다. 물 대신 우유나 주스 등과 함께 약을 먹으면 약이 몸 안으로 *흡수되지 못하고 몸 밖으로 빠져 나갈 수 있기 때문이다. 만약에 어린이가 알약 먹는 것을 힘들어한다면 가루나 시럽 형태의 약을 먹이는 것이 좋다.

  넷째, 유통 기한이 지난 약은 먹지 말아야 한다. 유통 기한이 지난 약을 먹으면 배앓이를 하거나 *식중독에 걸릴 수도 있다. 유통 기한이 지난 약이나 먹다 남은 약은 가까운 약국에 가져가서 폐의약품 수거함에 버려야 환경 오염을 막을 수 있다.

  약을 바르게 먹지 않으면 건강을 해치고 몸이 망가질 수 있다. 우리의 건강을 지키기 위해서 정해진 방법대로 올바르게 약을 먹도록 하자.

> ▶ **낱말 뜻**
>
> *부작용: 약을 사용했을 때 나타나는, 원래 효과 이외의 좋지 않은 작용.
> *진통제: 아픈 것을 가라앉히거나 느끼지 못하게 하는 약.
> *치명적: 생명이 위험할 수 있는 것.
> *손상: 병이 들거나 몸의 일부분이 다침.
> *흡수되지: 안이나 속으로 빨려 들어가지.
> *식중독: 음식물에 들어 있는 독성 물질을 먹어서 걸리는 병.

1

짜임

글 **가**와 **나**를 쓰기 위해 글쓴이가 세운 계획으로 알맞은 것의 기호를 쓰세요.

> ㉮ 글 **가**와 **나** 모두 전문가의 의견을 덧붙여 쓴다.
>
> ㉯ 글 **가**에 독감 예방 접종 시기가 언제인지, 글 **나**에 약의 유통 기한이 얼마나 되는지 쓴다.
>
> ㉰ 글 **가**에 감기와 독감의 원인이 무엇인지, 글 **나**에 약을 정해진 양만큼 먹어야 하는 까닭이 무엇인지 쓴다.

(   )

2

내용 이해

글 **가**와 **나**의 내용으로 알맞은 것을 두 가지 고르세요. (   )

① 감기 증상이 심하면 독감에 걸린 것이다.

② 어린이는 반드시 시럽 형태의 약을 먹어야 한다.

③ 감기와 독감의 원인이 되는 바이러스의 종류는 같다.

④ 유통 기한이 지난 약을 함부로 버리면 환경 오염을 일으킬 수 있다.

⑤ 규칙적인 생활을 하고 실내에 적절한 습도를 유지하면 감기나 독감을 예방할 수 있다.

3

짜임

글 **가**의 각 문단에서 설명한 내용으로 알맞지 <u>않은</u> 것은 무엇인가요? (   )

① **2**문단: 감기의 원인   ② **3**문단: 감기의 증상

③ **4**문단: 독감의 원인   ④ **5**문단: 독감의 치료 방법

⑤ **7**문단: 감기와 독감의 예방 방법

4

추론

글 **가**의 **6**문단에 덧붙일 자료로 알맞은 것은 무엇인가요? (   )

① 청소년 표준 성장 도표

② 지역별 병원 수를 조사한 도표

③ 월별 교통사고 발생 건수를 비교한 그래프

④ 감기로 병원을 방문한 계절을 조사한 그래프

⑤ 최근 5년간 독감 백신 접종 현황을 조사한 도표

5 글 **가**에 쓰인 낱말 중에서 다음 두 낱말을 포함하는 것은 무엇인가요? (   )

어휘·표현

> 감기   독감

① 폐렴   ② 질병   ③ 증상
④ 면역력   ⑤ 바이러스

6 글 **나**에서 주장을 뒷받침하기 위해 든 근거가 적절한지에 대하여 바르게 말하지 <u>못한</u>
친구는 누구인지 쓰세요.

비판

> 유진: 어린이가 어른용 약을 먹었을 때 어떤 문제가 발생하는지 구체적인 예를 든
> 것은 적절하다고 생각해.
> 하윤: 정해진 기간보다 오래 약을 먹거나 정해진 양보다 많이 먹는 것은 건강을 해
> 치는 행동이기 때문에 적절하다고 생각해.
> 준서: 물 대신 우유나 주스 등과 함께 약을 먹으면 안 된다는 것은 개인의 식성을
> 무시하는 것이기 때문에 적절하지 않다고 생각해.

(   )

7 글 **나**를 읽고 바르게 행동한 경우를 찾아 기호를 쓰세요.

적용·창의

> ㉮ 민아는 주스와 함께 시럽 형태의 약을 먹었다.
> ㉯ 삼촌은 두통이 심해 유통 기한이 지난 진통제를 먹었다.
> ㉰ 엄마는 유통 기한이 지난 약을 약국에 가져가서 버렸다.

(   )

세 가로 낱말 퀴즈

한 주 동안 배운 낱말을 떠올리며 다음 문제를 풀어 보세요.

❶	❷				
			❺		❻
	❸	❹			
❼					
			❽		

가로 →

❶ 문화적 가치가 뛰어나서 법으로 보호를 받거나 받아야 하는 유물 및 유적.

❸ 사물이 지니고 있는 쓸모.
⟮예⟯ 이 책은 역사적 ○○가 높다.

❺ 문틈으로 새어 들어오는 바람을 막기 위하여 문짝 주변을 돌아가며 바른 종이.

❽ 사람이나 동물 등이 자라서 점점 커짐.
⟮예⟯ 요즘 아이들은 ○○이 빠르다.

세로 ↓

❷ 화로의 옆.

❹ 병이나 상처 따위를 잘 다스려 낫게 함.

❻ 어떤 특징이나 일정한 기준에 따라 범위를 나눈 땅.

❼ 겉으로 드러남.

❽ 통일된 하나의 조직체를 구성하는 한 부분.
⟮예⟯ 야채에서 농약 ○○이 발견되었다.

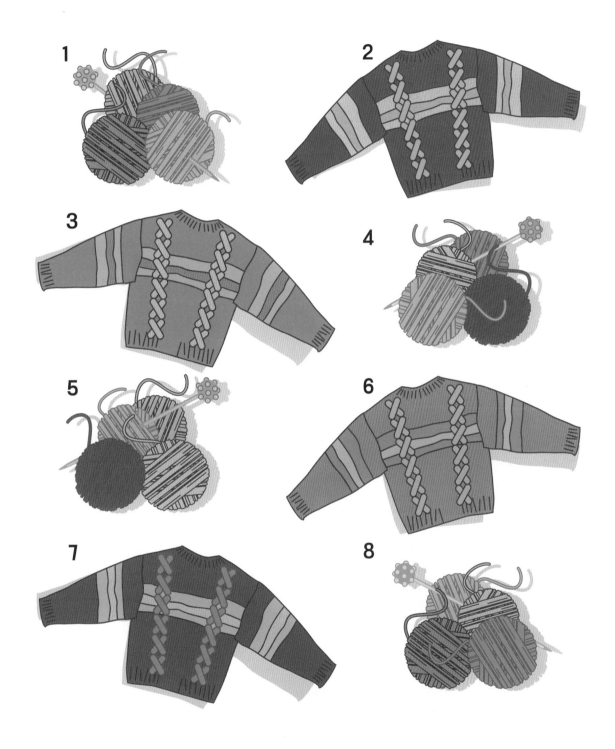

1

2

3

4

5

6

7

8

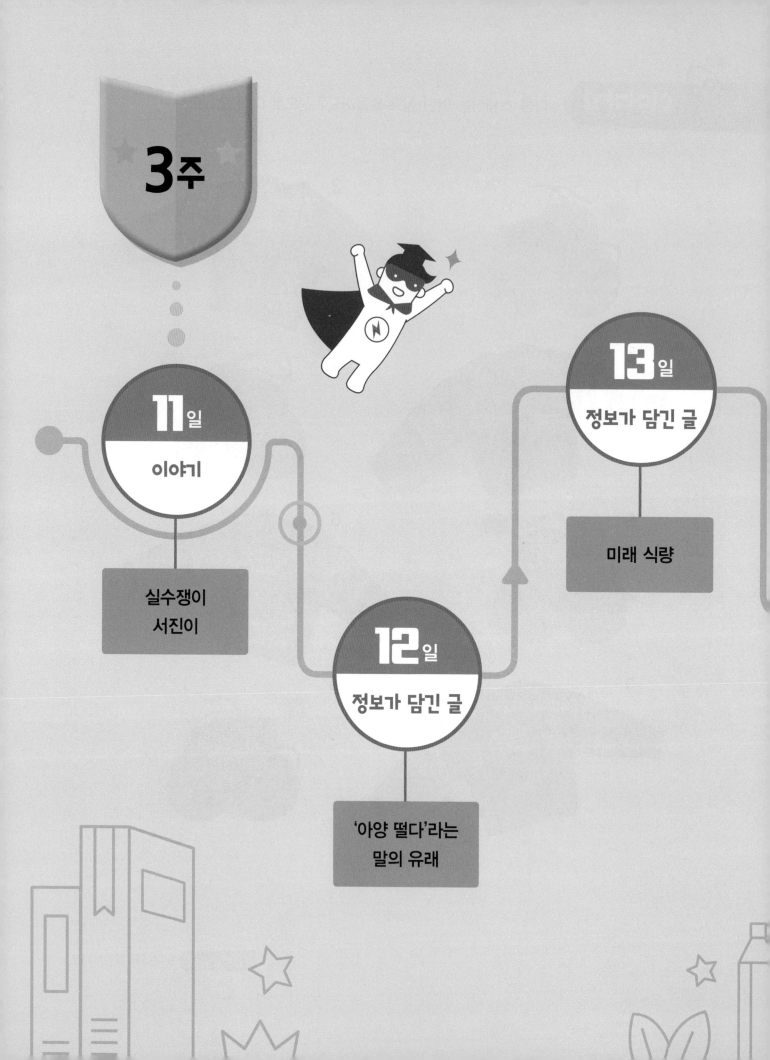

3주

11일
이야기

실수쟁이
서진이

12일
정보가 담긴 글

'아양 떨다'라는
말의 유래

13일
정보가 담긴 글

미래 식량

15일

최상위 독해

- 대중 매체를 소개해요
- 『어린왕자』를 추천합니다

14일

의견이 담긴 글

신호등과
과속 방지 턱을
설치해 주세요

월요일 아침이었다. 교실에 들어서자 몇몇 친구들이 도란도란 이야기를 나누고 있었다. 나는 친구들과 짧은 인사를 마치고 얼른 자리에 앉았다. 곧이어 담임 선생님께서 들어오셨다.

"주말 동안 잘 지냈어요? 자, 수업 준비를 해 볼까요?"

나는 칠판 옆에 있는 시간표를 바라보았다. 그 순간, 두 눈이 동그래졌다.

'어쩌지? 큰일 났네.'

어제 책가방을 챙긴다는 걸 깜빡 잊은 채 잠이 든 것이다. 게다가 아침에 동생과 *실랑이를 벌이다 지난 금요일에 벗어 둔 책가방을 그대로 메고 온 것이었다.

'한두 과목도 아니고……. 시간표가 완전히 다른데 어떡하지? 난 왜 자꾸만 실수를 할까?'

종종 준비물을 깜빡하고 안 가져온 적은 있었지만 오늘은 아예 교과서를 잘못 가져온 것이다. 갑자기 이마에 *식은땀이 나고 가슴이 쿵쾅쿵쾅 마구 뛰었다.

'서은이와 실랑이만 벌이지 않았어도 ㉠이런 일은 없었을 텐데…….'

가까스로 정신을 차리고 주위를 둘러보니, 친구들은 수업 준비를 하느라 분주하였다.

"왜 그래? 무슨 일 있어?"

짝인 민준이가 물었다.

"교과서를 잘못 가져왔어."

내 이야기를 듣고 민준이가 선생님께 말씀드리고 얼른 집에 다녀오라고 했다. 나는 잠시 머뭇거리다가 고개를 푹 숙인 채 손을 들었다.

"선생님, 저 잠깐 집에 다녀올게요."

"서진아, 무슨 일이니?"

"실수로 시간표를 확인하지 못했어요. 교과서를 가지러 집에 갔다 올게요."

"지금 집에 다녀온다고? 곧 수업이 시작되는데 언제 다녀오려고 그러니?"

"저희 집 무척 가깝거든요. 금방 뛰어갔다 오면 안 될까요?"

나는 기어 들어가는 목소리로 말했다.

* 실랑이: 서로 자기주장을 고집하며 옥신각신하는 일.
* 식은땀: 몹시 긴장하거나 놀랐을 때 흐르는 땀.

1

주제

이 글의 내용에 어울리는 제목을 쓰세요.

(   )

2

짜임

다음과 같은 일이 일어나게 된 원인으로 알맞지 <u>않은</u> 것에 ×표 하세요.

'나'는 지난 금요일에 벗어 둔 책가방을 그대로 메고 왔다.

(1) 아침에 동생과 실랑이를 벌였다.   (   )

(2) 교실에서 친구들과 짧은 인사를 나누었다.   (   )

(3) 어제 책가방을 챙긴다는 걸 깜빡 잊은 채 잠이 들었다.   (   )

3

내용 이해

㉠'이런 일'이 가리키는 내용은 무엇인가요? (   )

① 책가방을 미리 챙기는 일

② 교과서를 잘못 가져온 일

③ 서은이와 실랑이를 벌인 일

④ 다른 친구들처럼 수업 준비를 하는 일

⑤ 민준이에게 교과서를 잘못 가져왔다고 말하는 일

4

어휘·표현

이 글에서 '나'의 마음 상태가 드러난 표현이 <u>아닌</u> 것은 무엇인가요? (   )

① 기어 들어가는 목소리로

② 그 순간, 두 눈이 동그래졌다.

③ 나는 칠판 옆에 있는 시간표를 바라보았다.

④ 잠시 머뭇거리다가 고개를 푹 숙인 채 손을 들었다.

⑤ 이마에 식은땀이 나고 가슴이 쿵쾅쿵쾅 마구 뛰었다.

5 추론 이 글의 내용으로 보아, '나'의 성격은 어떠한가요? (　　　)

① 친절하다.　　　　② 꼼꼼하다.　　　　③ 차분하다.
④ 고집이 세다.　　　⑤ 조심성이 없다.

6 감상 이 글의 '나'와 비슷한 경험을 떠올리며 자신의 생각이나 느낌을 말하지 <u>못한</u> 친구는 누구인지 쓰세요.

> 수민: 나도 학교에 미술 준비물을 가져오지 못한 적이 있었어. '내'가 얼마나 놀라고 당황스러웠을지 이해가 돼.
> 하윤: 늦잠을 자서 학교에 지각을 한 적이 있어. 선생님께 지각한 이유를 말씀드릴 때 얼마나 조마조마했는지 몰라.
> 경태: 어제 점심시간에 학교 운동장에서 반 친구들과 축구를 했어. 그런데 너무 많이 뛰었는지 땀이 많이 나고 힘들더라.

(　　　　　　　)

7 적용·창의 이 이야기의 바로 뒤에 이어질 내용으로 가장 알맞은 것은 무엇인가요? (　　　)

① '나'는 민준이에게 사과하였다.
② 반 친구들 모두 민준이를 위로해 주었다.
③ 선생님께서 '나'에게 교실 청소를 시키셨다.
④ 선생님께서 가지고 계신 교과서를 '나'에게 조용히 건네주셨다.
⑤ 반 친구들이 교과서와 공책을 '내' 책상 위에 도로 가져다 놓았다.

어휘력 강화

낱말의 뜻

1 빈칸에 알맞은 낱말을 ○보기○에서 찾아 쓰세요.

○ 보기 ○   종종   실랑이   도란도란

(1) 나는 (   ) 집 근처 공원으로 산책을 나간다.

(2) 온 가족이 거실에 모여 (   ) 이야기를 나누었다.

(3) 복도에서 몇몇 아이들이 시비가 붙어서 (   )을/를 벌였다.

맞춤법

2 다음 문장에서 맞춤법이 **틀린** 낱말을 찾아 바르게 고쳐 쓰세요.

(1)
삼촌이 커다란 배낭을 어깨에 매고 천천히 걸어왔다.

(   ) → (   )

(2)
몇몇 아이들은 옷을 입은 체 갑자기 강물로 뛰어들었다.

(   ) → (   )

사자성어

3 다음은 이 글의 '내'가 한 일입니다. 빈칸에 들어갈 사자성어로 알맞은 것에 ○표 하세요.

　갑자기 식은땀을 흘리는 '나'를 보고 민준이가 무슨 일 있냐고 물었다. '나'는 민준이에게 　　　　　을/를 이야기했다.

(1) 자초지종(自初至終) → 처음부터 끝까지의 과정.   (   )

(2) 자아도취(自我陶醉) → 스스로에게 황홀하게 빠지는 일.   (   )

(3) 자포자기(自暴自棄) → 절망에 빠져 자신을 스스로 포기하고 돌아보지 아니함.

(   )

1 우리말에서 다른 사람에게 잘 보이거나 귀여움을 받으려고 알랑거리는 말이나 행동을 '아양'이라고 한다. 그리고 그런 말이나 행동을 하는 것을 *일컬어 '아양 떨다'라고 한다. '아양 떨다'라는 말은 어떻게 해서 생겨났을까? 그 *유래에 대하여 알아보자.

2 '아양 떨다'는 '아얌을 떨다'에서 나온 말이다. 아얌은 겨울에 *부녀자들이 나들이할 때 추위를 막으려고 머리에 쓰던 *쓰개의 한 종류이다. 주로 검은색 비단으로 만들었는데, 겉에 부드러운 털을 붙이고 앞뒤에 붉은색의 수술을 달아 장식하였다. 보통 *정수리 부분은 열이 빠져나갈 수 있게 터져 있고 이마만 두르게 되어 있다. 또 아얌의 뒤로 넓고 긴 댕기 모양의 비단을 두 가닥 늘어뜨린 뒤 화려한 장신구를 달기도 했는데, 이를 '아얌드림'이라고 한다. 아얌은 부녀자들이 한복을 제대로 차려 입을 때에 특별히 쓰던 물건이었다. 그래서 요즘에는 ⟨　　　⟩

수술

아얌드림

▲ 아얌

3 그런데 머리에 쓰던 '아얌'이 어떻게 해서 '남한테 잘 보이려고 귀엽게 굴면서 알랑거리는 짓.'이라는 뜻의 '아양'으로 바뀌었을까?

옛날에 한복을 곱게 차려 입은 여인이 화려한 아얌을 쓰고 머리를 조금씩 흔들면서 걸으면 붉은 수술 장식과 아얌드림이 떨리면서 자연스럽게 주변 사람들의 눈길을 끌었다. 그 모습을 가리켜 '아얌을 떨다'라고 하였다. 다시 말해 '아얌을 떨다'라는 말은 아얌을 흔드는 행동을 가리키는 말이다. 그런데 아얌을 흔드는 행동은 보통 알랑거릴 때 하였다. 그래서 '아얌을 떨다'가 '귀여움을 받으려고 알랑거리다.'라는 뜻으로 변한 것이다. 그런데 시간이 흐르면서 '아얌'이 '아양'으로 소리가 바뀌었고, '아얌을 떨다'도 '아양을 떨다'로 바뀌었다. 그리고 '을'이 생략되어 '아양 떨다'가 된 것이다.

＊일컬어: 가리켜 말하여.
＊유래: 사물이나 일이 생겨남. 또는 그 사물이나 일이 생겨난 내력.
＊부녀자: 결혼한 여자와 성숙한 여자를 통틀어 이르는 말.
＊쓰개: 머리에 쓰는 물건을 통틀어 이르는 말.
＊정수리: 머리의 맨 위쪽.

1

주제

이 글의 제목으로 알맞은 것은 무엇인가요? (   )

① 아름다운 한복   ② 부녀자가 하는 일

③ 우리 조상들의 옷차림   ④ 추위를 막아 주는 쓰개

⑤ '아얌 떨다'라는 말의 유래

2

짜임

❷문단에서 설명한 내용이 <u>아닌</u> 것은 무엇인가요? (   )

① 아얌의 용도   ② 아얌을 쓰는 계절

③ 아얌을 쓰는 사람   ④ 아얌의 모습과 형태

⑤ 아얌을 만드는 장소

3

추론

㉠에 들어갈 내용으로 알맞은 것은 무엇인가요? (   )

① 값이 무척 싸다.

② 좀처럼 보기가 쉽지 않다.

③ 길거리에서 흔하게 볼 수 있다.

④ 계절에 상관없이 쓰는 사람이 많다.

⑤ 여자들이 집안일을 할 때 반드시 쓴다.

4

내용 이해

이 글에서 설명한 내용에 맞게 빈칸에 알맞은 말을 차례대로 쓰세요.

'아얌'이 (1) '(   )'(으)로 소리가 바뀌게 되면서 '아얌을 떨다'
도 (2) '(   )'(으)로 바뀌게 되었다.

5 이 글을 읽고 알게 된 내용을 생각하며 빈칸에 알맞은 말을 쓰세요.

내용 이해

(1) 아얌의 뒷부분에 달린 비단을 (   )(이)라고 한다.

(2) '아양 떨다'는 '(   )을/를 떨다'에서 유래한 말이다.

(3) 아얌은 겨울에 부녀자들이 나들이할 때 (   )을/를 막으려고 머리에 쓰던 쓰개의 한 종류이다.

6 낱말의 관계가 ○보기○와 다른 것은 무엇인가요? (   )

어휘·표현

> ○ 보기 ○   넓다 – 좁다   길다 – 짧다

① 겉 – 속   ② 추위 – 더위
③ 입다 – 벗다   ④ 눈길 – 시선
⑤ 부드럽다 – 거칠다

7 다음 글을 읽고 '아양 떨다'와 '삿대질'의 공통점을 바르게 말한 것에 ○표 하세요.

적용·창의

> '삿대질'은 말다툼을 할 때에, 주먹이나 손가락 따위를 상대편 얼굴 쪽으로 내지르는 행동을 뜻하는 말이다. 그런데 '삿대질'은 원래 '삿대'를 써서 배를 밀고 나가는 일을 가리키는 말이다. '삿대'는 배를 맬 때나 띄울 때, 또는 배를 밀고 나갈 때 쓰는 긴 나무 막대를 말한다. '삿대'를 이리저리 밀고 당기는 행동과 말다툼을 할 때 주먹이나 손가락을 내지르는 행동이 비슷하다고 생각하여 '삿대질'의 의미가 변한 것이다.

(1) 농사일에서 비롯된 말이다.   (   )

(2) 사람의 성격에 빗대어 표현한 말이다.   (   )

(3) 물건과 관계된 행동에서 유래한 말이다.   (   )

어휘력 강화

낱말의 뜻

1 빈칸에 알맞은 낱말을 ○보기○에서 찾아 쓰세요.

> **○보기○**   다는   일컫는   알랑거리는

(1) 할머니가 단추를 (   ) 모습을 보고 마음이 찡했다.

(2) 현악기는 줄을 이용해 소리를 내는 악기를 (   ) 말이다.

(3) '아부'는 다른 사람의 비위를 맞추기 위해 (   ) 행위를 가리키는 말이다.

동형어

2 밑줄 친 '떨다'와 뜻이 <u>다른</u> 하나는 무엇인가요? (   )

> 아양을 <u>떨다</u>

① 주책을 <u>떨다</u>   ② 다리를 <u>떨다</u>   ③ 능청을 <u>떨다</u>

④ 방정을 <u>떨다</u>   ⑤ 야단법석을 <u>떨다</u>

관용어

3 다음 내용과 관계있는 관용어에 ○표 하세요.

> 할아버지는 어린 손녀가 슬며시 다가와 아양 떠는 것을 보시고는 활짝 웃으셨다.

(1) 간이 크다 → 겁이 없고 매우 대담하다는 뜻.   (   )

(2) 간이 콩알만 하다 → 몹시 겁이 나서 기를 펴지 못한다는 뜻.   (   )

(3) 간이 녹다 → 무엇이 마음에 들어 정도 이상으로 흐뭇함을 느낀다는 뜻.   (   )

미래 식량

1 현재 세계 인구는 약 78억 명으로, 지금과 같은 속도로 인구가 늘어난다면 2050년에는 약 90억 명을 넘어설 것이라고 한다. 인구가 늘어나면 그만큼 더 많은 양의 식량이 필요하게 된다. 하지만 자연 파괴와 기후 변화 때문에 세계 곳곳에서 곡물 생산량이 점차 줄어들고 있어 머지않아 식량 부족 문제가 일어날 것으로 예상된다. 이에 따라 식량 부족 문제를 해결할 미래 식량이 관심을 받고 있다. 대표적인 미래 식량으로 손꼽히고 있는 식용 곤충과 배양육에 대해 알아보자.

2 ㉠2013년 5월, 국제 연합 식량 농업 기구에서는 식용 곤충을 *유망한 미래 식량으로 손꼽았다. 곤충은 단백질과 지방 등 다양한 영양분을 골고루 갖추고 있으며, 생명력이 강하고 성장이 빨라서 좁은 공간에서도 많은 양을 기를 수 있다. 또한 가축에 비해서 사료를 적게 먹기 때문에 기르는 데 돈이 적게 든다. 게다가 ㉡곤충을 기를 때 발생하는 온실가스의 양이 가축을 기를 때보다 훨씬 적기 때문에 *친환경적이다. ㉢이와 같이 식용 곤충은 여러 가지 장점을 가지고 있어 미래 식량으로 주목받고 있다.

3 ㉣배양육도 여러 가지 장점을 가지고 있다. ㉤배양육은 고기의 세포를 이용하여 *인공적으로 만들어 낸 고기로, 하나의 세포만으로도 엄청난 양의 고기를 만들수 있다. 또한 가축을 죽일 필요가 없으며, 가축을 대량으로 키우면서 생기는 전염병이나 환경 오염 등을 막을 수 있다.

4 이렇듯 여러 가지 장점을 가진 식용 곤충과 배양육은 미래 식량으로서 충분한 가치가 있다. 하지만 우리의 식탁에 오르기까지 해결되어야 할 점도 있다. 식용 곤충의 경우 다양한 요리 방법을 개발하여 곤충을 먹는 것에 대한 사람들의 *혐오감을 줄여야 한다. 배양육도 가격이 높다는 문제가 있다. 따라서 배양육으로 만든 요리의 가격도 낮춰야 한다.

* 유망한: 앞으로 잘될 듯한 희망이나 전망이 있는.
* 친환경적: 자연환경을 오염하지 않고 자연 그대로의 환경과 잘 어울리는 것.
* 인공적: 사람의 힘으로 만든 것.
* 혐오감: 병적으로 싫어하고 미워하는 감정.

1

짜임

이 글을 크게 세 부분으로 바르게 나눈 것을 골라 ○표 하세요.

(1) ❶ / ❷ / ❸, ❹

( )

(2) ❶ / ❷, ❸ / ❹

( )

(3) ❶, ❷ / ❸ / ❹

( )

2

내용 이해

이 글에서 예상하는 식량 부족 문제의 원인이 <u>아닌</u> 것은 무엇인가요? ( )

① 자연이 파괴되고 있다.

② 인구가 늘어나고 있다.

③ 기후 변화가 일어나고 있다.

④ 가축의 생산량이 늘어나고 있다.

⑤ 곡물 생산량이 점차 줄어들고 있다.

3

내용 이해

이 글에서 미래 식량의 예로 든 것을 두 가지 찾아 쓰세요.

( )

4

추론

❷문단을 읽고 짐작한 사실로 알맞은 것은 무엇인가요? ( )

① 좁은 공간에서도 가축을 기를 수 있다.

② 곤충으로 만든 요리가 많이 개발되었다.

③ 가축의 종류보다 곤충의 종류가 더 많다.

④ 곤충을 먹으면 여러 가지 영양분을 섭취할 수 있다.

⑤ 곤충을 기르는 것보다 가축을 기르는 것이 경제적이다.

5 　○∼○ 중에서 **2**문단과 **3**문단의 중심 문장에 해당하는 것의 기호를 쓰세요.

주제

(1) **2**문단: (　　　　　　　　　)　　　(2) **3**문단: (　　　　　　　　　)

6 　다음 중 뜻이 비슷한 낱말끼리 짝 지어진 것을 두 가지 고르세요. (　　　　　)

어휘·표현

① 적다 – 많다　　　　　　　　② 기르다 – 키우다

③ 막다 – 일어나다　　　　　　④ 갖추다 – 가지다

⑤ 늘어나다 – 줄어들다

7 　이 글을 읽고 자신의 생각을 바르게 말한 친구는 누구인지 쓰세요.

비판

육식과 채식을 비교하여 설명하면 좋을 것 같아.

채운

식생활 교육을 통해 건강한 식습관 문화를 이루어 나가야 해.

예서

각 나라의 문화 또는 개인의 특성에 따라 곤충을 먹는 것을 싫어하지 않을 수도 있어.

주혁

(　　　　　　　　　)

낱말의 뜻

1 다음 문장에 알맞은 낱말을 ( ) 안에서 골라 ○표 하세요.

(1) 구름이 잔뜩 낀 걸 보니 곧 비가 올 것으로 (예상된다, 예방된다).

(2) 세계에서 (손꼽히는, 사로잡히는) 축구 선수들이 우리나라에 올 것이다.

(3) 오랜만에 만난 친구와의 놀이가 벌써 세 시간을 (넘어서고, 내려서고) 있다.

포함하는 말

2 다음 낱말들을 모두 포함하는 낱말은 무엇인가요? ( )

쌀	콩	밀	보리	옥수수

① 곡물　　　　　　② 요리　　　　　　③ 농업

④ 조리　　　　　　⑤ 영양분

사자성어

3 다음 내용과 관계있는 사자성어에 ○표 하세요.

> 식용 곤충과 배양육으로 만든 음식을 많이 개발할수록 머지않아 일어날 것으로 예상되는 식량 부족 문제를 해결할 수 있을 것이다.

(1) 다다익선(多多益善) → 많으면 많을수록 더욱 좋음. ( )

(2) 일사천리(一瀉千里) → 강물이 빨리 흘러 천 리를 간다는 뜻으로, 어떤 일이 거침없이 빨리 진행됨을 이르는 말. ( )

(3) 인산인해(人山人海) → 사람이 산을 이루고 바다를 이루었다는 뜻으로, 사람이 수없이 많이 모인 상태를 이르는 말. ( )

구청장님, 안녕하세요?

저는 길벗 초등학교에 다니고 있는 3학년 김용진이라고 합니다. 구청장님께 제안할 내용이 있어서 이렇게 글을 쓰게 되었습니다.

저희 길벗 초등학교 정문 앞에는 횡단보도가 있습니다. 학교를 오가는 학생들뿐만 아니라 동네 주민들도 이 횡단보도를 자주 이용하고 있습니다. 그런데 횡단보도에 신호등이 설치되어 있지 않아서 길을 건널 때 매우 위험합니다. 학생들과 동네 주민들은 지나가는 자동차가 멈추기를 기다렸다가 횡단보도를 건너고 있습니다. 등굣길과 하굣길에는 녹색 어머니회에서 봉사를 해 주셔서 저희가 안전하게 건널 수 있지만, 그렇지 않을 때에는 자동차들이 빠르게 달리기도 하고 잘 멈추지도 않아서 길을 건널 때 무척 위험합니다. 얼마 전에는 1학년 동생이 횡단보도를 건너다가 빠르게 달려오는 자동차를 보고 놀라서 넘어지는 바람에 무릎을 다치는 사고도 발생하였습니다.

저와 반 친구들은 어떻게 해야 이러한 사고가 다시는 발생하지 않을지 ⓐ ㉠ 해결 방법을 의논해 보았습니다. 그 결과를 바탕으로 구청장님께 몇 가지 제안을 드리려고 합니다.

먼저, 학교 앞 횡단보도에 신호등을 설치하면 어떨까요? 횡단보도에 신호등을 설치하면 저희 학교 학생들과 동네 주민들 모두가 안전하게 길을 건널 수 있을 것입니다.

그리고 과속 방지 턱도 설치했으면 좋겠습니다. 학교 앞 도로는 *규정 속도가 정해져 있지만, 대부분의 운전자가 규정 속도를 지키지 않습니다. 과속 방지 턱을 설치한다면 운전자들도 자연스럽게 속도를 줄이게 될 것입니다. ㉡○○일보에서 보도한 내용에 따르면 최근 5년 동안 어린이 보호 구역에 과속 방지 턱을 설치한 결과, 어린이 교통사고 발생 건수가 크게 줄었다고 합니다.

구청장님, 학생들과 동네 주민들이 안전하게 길을 건널 수 있도록 신호등과 과속 방지 턱을 설치해 주세요.

감사합니다. 안녕히 계세요.

20○○년 4월 28일

김용진 올림

*규정: 규칙으로 정함. 또는 그 정하여 놓은 것.

1
내용 이해

누구에게 제안하는 글인지 쓰세요.

(   )

2
내용 이해

글쓴이가 생각하는 문제 상황은 무엇인가요? (   )

① 학교 앞에 과속 단속 카메라가 없는 것

② 학교 앞에 동네 주민들이 많이 다니는 것

③ 학교 앞 횡단보도에 신호등이 없어서 위험한 것

④ 학교 앞에 자동차들이 너무 많이 주차되어 있는 것

⑤ 녹색 어머니회에서 하루 종일 봉사 활동을 하지 않는 것

3
주제

글쓴이가 제안하는 내용은 무엇인가요? (   )

① 안전 표지판을 설치해 주세요.

② 학교 앞에 횡단보도를 설치해 주세요.

③ 녹색 어머니회의 활동을 칭찬해 주세요.

④ 신호등과 과속 방지 턱을 설치해 주세요.

⑤ 학교 앞에 자동차가 다니지 못하게 막아 주세요.

4
어휘·표현

㉠에 들어갈 말로 알맞은 것은 무엇인가요? (   )

① 머리를 감고   ② 머리를 맞대고   ③ 머리를 흔들고

④ 머리를 끄덕이고   ⑤ 머리를 긁적이고

5

짜임

ⓛ은 어떤 방법으로 글쓴이의 생각을 뒷받침한 것인지 기호를 쓰세요.

> ㉮ 신문 기사의 내용을 제시하였다.
>
> ㉯ 교통안전 전문가의 말을 덧붙였다.
>
> ㉰ 글쓴이가 교통안전 시설을 이용한 경험을 예로 들었다.

(   )

6

비판

글쓴이의 제안에 대한 자신의 생각을 바르게 말하지 <u>못한</u> 친구는 누구인지 쓰세요.

> 지영: 과속 방지 턱을 설치하면 보행자도 불편하므로, 글쓴이가 제기한 문제 상황
> 을 해결할 수 없어.
>
> 경석: 과속 방지 턱을 설치하면 운전자들이 통행에 불편을 느껴 속도를 줄이게 되
> 므로, 좀 더 안심하고 길을 건널 수 있어.

(   )

7

적용·창의

다음 기사문에 드러난 교통사고를 줄이기 위한 해결 방법을 간단히 정리하여 쓰세요.

> ### 어린이 보호 구역 더 안전해진다
> 어린이 보호 구역 50여 곳을 분석한 결과 10명 중 7명은 길을 건너다 사고를 당한 것으로 나타났다. 지난해 어린이 보호 구역에서 일어난 사고를 분석한 결과, 안전표지 미설치, 과속 및 불법 주정차 등이 주요 문제점으로 드러났다. 이에 따라 관련 기관에서는 내년까지 무인 교통 단속 장비 2000여 대를 추가 설치하고 불법 노상 주차장 200여 곳을 폐지하기로 결정했다.

어휘력 강화

낱말의 뜻

1 다음 문장에 알맞은 낱말을 (   ) 안에서 골라 〇표 하세요.

⑴ 은행 건물에는 도난 (방어, 방지)를 위한 비상벨이 설치되어 있다.

⑵ 가족 여행을 어디로 갈지 (의논, 의도)한 끝에 설악산으로 가기로 했다.

⑶ 반 친구들은 교실을 깨끗이 청소하자는 나의 (제안, 제한)을 흔쾌히 받아들였다.

합성어

2 ○보기○와 같이 두 개의 낱말이 합쳐져서 만들어진 낱말은 무엇인가요? (   )

> ○보기○ • 신호 + 등 → 신호등   • 교통 + 사고 → 교통사고

① 장갑   ② 꽃집

③ 학교   ④ 무릎

⑤ 주민

관용어

3 빈칸에 들어갈 관용어로 알맞은 것에 〇표 하세요.

> 좌회전하려는 차들이 [   ] 늘어서 있다.

⑴ 꼬리를 빼고 → 달아나거나 도망친다는 뜻. (   )

⑵ 꼬리에 꼬리를 물고 → 계속 이어진다는 뜻. (   )

⑶ 꼬리를 내리고 → 상대편에게 기세가 꺾여 물러서거나 움츠러든다는 뜻. (   )

가

● 지문의 난이도
상 중 하

● 문제의 난이도
상 중 하

1 신문이나 라디오, 텔레비전 등을 대중 매체라고 한다. 대중 매체는 수많은 사람의 무리를 뜻하는 '대중'과 어떤 사실을 널리 전달하는 물체나 *수단을 뜻하는 '매체'를 합친 말로, 많은 사람에게 많은 양의 정보와 생각을 전달하는 수단을 가리키는 말이다.

2 대중 매체에는 *활자 매체, 음성 매체, *영상 매체 등이 있다. 활자 매체는 문자나 사진을 이용해 정보를 전달하며, 책이나 신문, 잡지 등이 이에 속한다. 음성 매체는 소리를 통해 정보를 전달하며, 라디오나 음반 등이 이에 속한다. 영상 매체는 소리와 영상을 통해 정보를 전달하며, 텔레비전이나 영화 등이 이에 속한다.

3 대중 매체는 활자 매체, 음성 매체, 영상 매체의 차례로 발달하였다. 오늘날에는 활자 매체에서부터 영상 매체까지 다양한 대중 매체의 발달로 대중에게 정보를 전달할 수 있는 수단이 많아졌다. 또한 인터넷의 등장은 대중 매체 발전에 큰 영향을 미쳤다. 인터넷이 등장하기 전까지 사람들은 활자 매체, 음성 매체, 영상 매체가 전달하는 정보를 제공받기만 하였다. 그러나 인터넷이 등장하면서 사람들이 정보를 인터넷을 통해 직접 전달할 수 있게 되었다. 이와 같은 대중 매체의 발전으로 대중문화도 한층 발전하게 되었다.

4 대중 매체는 현대 사회에서 매우 중요한 역할을 한다. 대중 매체는 날씨에서부터 뉴스나 쇼핑, 여행 등에 이르기까지 생활에 필요한 모든 정보를 사람들에게 전달해 준다. 예를 들어, 사람들은 텔레비전 프로그램이나 인터넷 검색을 통해 음식에 대한 온갖 *유익한 자료를 손쉽게 얻고, 음식 재료를 구매할 수도 있다. 게다가 대중 매체는 영화, 음악, 스포츠, 게임 등을 통해 즐거움을 주는 ㉠오락 수단인 것 같다.

5 이러한 대중 매체를 이용할 때 주의해야 할 점이 있다. 사람들은 대중 매체를 통해 생활에 필요한 정보를 손쉽게 제공받지만 잘못된 정보를 제공받게 되면 그로 인한 피해가 심각해질 수도 있다. 그러므로 대중 매체에서 얻은 정보를 무조건 믿지 말고, 반드시 그 정보가 맞는지를 따져 보아야 한다.

▶ 낱말 뜻

* 수단: 어떤 목적을 이루기 위한 방법. 또는 그 도구.
* 활자: 인쇄를 하기 위해 네모난 기둥 모양의 금속 윗면에 문자나 기호를 볼록 튀어나오게 새긴 것.
* 영상: 영화, 텔레비전 등의 화면에 나타나는 모습.
* 유익한: 이롭거나 도움이 될 만한 것이 있는.

나

▲이전 글 ▼다음 글

책벌레 20○○. 5. 11. 14:16

1 생텍쥐페리가 쓴 『어린왕자』는 전 세계 160여 개의 언어로 *번역되어 오랫동안 많은 사람에게 사랑을 받고 있는 책입니다.

2 B612라는 작은 별에서 평화롭게 살던 어린왕자는 사랑하는 장미를 위해 무엇이든 해 주지만 장미의 변덕스러운 성격 탓에 지쳐 갑니다. 그러다 결국 자기 별을 떠나 여행을 하며 다양한 인물들을 만납니다. 마지막으로 오게 된 곳이 지구였고, 비행기 고장으로 사막에 *불시착한 조종사를 만납니다. 조종사는 어린왕자의 별과 여행 이야기를 들으며 어린왕자를 점차 이해하게 됩니다.

3 이 책에는 "길들여지다", "가장 중요한 것은 눈에 보이지 않는 것이다"라는 말이 나오는데, 이 말은 정신없이 앞만 보고 달려가는 어른들에게 깊은 깨달음을 줄 것입니다. 또 망토 입은 어린왕자, 작은 별, 바오밥나무 같은 그림은 어린이들이 책을 재미있게 읽는 데에 도움을 줄 수 있습니다.

4 어린왕자는 어린아이이기 때문에 어른과는 다른 *시각으로 세상을 보고 어린이다운 순수한 이야기를 합니다. 어린이의 순수한 마음을 느끼고 싶거나 힘들고 바쁘게 사는 모든 사람에게 이 책을 추천합니다.

👤 **툴툴마녀** 20○○. 5. 11. 16:55

조종사가 귀찮아서 대충 그려 준 상자를 보고 자신이 원하는 귀여운 양이 맞다며 좋아하던 어린왕자의 순수한 모습이 떠올라요. 순수한 마음을 되찾고 싶은 사람에게 추천해요.

👤 **마음을 울린 소설** 20○○. 5. 11. 18:12

어른이 되었지만 읽을 때마다 순수한 아이의 마음으로 돌아가는 것 같아 좋아요. 책장에 꼭 있어야 할 책이에요.

• 『어린 왕자』
프랑스의 소설가이자 비행사였던 생텍쥐페리가 2차 세계 대전 중 미국에서 발표한 소설로, 비행을 좋아했던 생텍쥐페리가 1935년 비행을 하다가 사하라 사막에 불시착한 뒤 구조된 경험을 바탕으로 썼다.

▶ **낱말 뜻**

*번역되어: 어떤 언어로 된 글이 다른 언어의 글로 옮겨져.

*불시착: 비행기가 고장이나 기상 악화 등으로 목적지에 이르기 전에 예정되지 않은 장소에 착륙함.

*시각: 사물을 관찰하고 파악하는 기본적인 자세.

1

어휘·표현

㉠을 바르게 고쳐 쓴 것에 ○표 하세요.

(1) 오락 수단이 아니다. ( )

(2) 오락 수단이기도 하다. ( )

(3) 오락 수단에 그치고 말았다. ( )

2

짜임

글 **가**의 각 문단에서 설명하는 내용으로 알맞지 <u>않은</u> 것은 무엇인가요? ( )

① **1**문단: 대중 매체의 뜻

② **2**문단: 대중 매체의 종류

③ **3**문단: 대중문화의 발달 과정

④ **4**문단: 대중 매체의 역할

⑤ **5**문단: 대중 매체를 이용할 때 주의해야 할 점

3

내용 이해

글 **가**를 읽고 알게 된 사실을 바르게 정리하지 <u>못한</u> 것은 무엇인가요? ( )

① 텔레비전은 소리와 영상을 통해 정보를 전달한다.

② 인터넷이 등장하면서 대중 매체가 크게 발전하였다.

③ 대중 매체의 발전으로 인해 대중문화도 발전하게 되었다.

④ 대중 매체를 통해 얻은 정보는 모두 사실이므로, 믿어야 한다.

⑤ 대중 매체는 많은 사람에게 많은 양의 정보와 생각을 전달한다.

4

추론

글 **나**는 어떤 매체를 활용하여 쓴 것인지 글 **가**에서 찾아 쓰세요.

( )

5

짜임

글 **나**의 **1**~**4** 중 다음에 해당하는 부분의 번호를 쓰세요.

책에 대하여 소개한 부분	책에 대하여 평가한 부분
(1)	(2)

6

내용 이해

글 **나**에서 '책벌레'가 책에 대해 평가한 내용으로 알맞은 것을 모두 고르세요.

( )

① 어디서 많이 들어 본 듯한 말이 많이 나온다.

② 그림이 너무 많아 책을 읽는 데 방해가 된다.

③ 어린이들은 그림을 보며 책을 재미있게 읽을 것이다.

④ 어른과는 다른 시각에서 어린이다운 순수한 이야기를 한다.

⑤ 정신없이 앞만 보고 달려가는 어른들에게 깊은 깨달음을 줄 것이다.

7

추론

글 **나**에서 '툴툴마녀'와 '마음을 울린 소설'이 쓴 댓글을 통해 짐작할 수 있는 사실은 무엇인가요? ( )

① 『어린왕자』는 누구나 읽어 본 책이다.

② 『어린왕자』는 누구나 가지고 있는 책이다.

③ 『어린왕자』는 지식을 배울 수 있는 책이다.

④ 『어린왕자』는 순수한 마음을 일깨워 주는 책이다.

⑤ 『어린왕자』는 생각을 많이 하면서 읽어야 하는 책이다.

8

주제

다음 조건 에 맞게 글 **가**와 **나**에 알맞은 제목을 붙이세요.

조건

설명하는 대상과 글을 쓴 목적이 잘 드러나게 붙인다.

(1) 글 **가**: ( )

(2) 글 **나**: ( )

세 가 로 낱말 퀴즈

한 주 동안 배운 낱말을 떠올리며 다음 문제를 풀어 보세요.

❶				❷
			❸	
❹				
❺				❻
		❼	❽	

가로 →

❶ 몹시 긴장하거나 놀랐을 때 흐르는 땀.

❸ 여러 가지 내용의 기사와 사진, 광고 등을 모아 정기적으로 발행하는 책.
   예 활자 매체에는 신문, ○○ 등이 있다.

❺ 영화, 텔레비전 등의 화면에 나타나는 모습. 예 ○○ 매체

❼ 자동차를 운전하는 사람.

세로 ↓

❶ 사람이 살아가는 데 필요한 먹을거리.

❷ 어떤 일이나 현상이 일어나지 못하게 막음.

❹ 앞으로 있을 일이나 상황을 짐작하다.

❻ 인쇄를 하기 위해 네모난 기둥 모양의 금속 윗면에 문자나 기호를 볼록 튀어나오게 새긴 것.

❽ 내용이나 뜻을 전하여 알게 함.

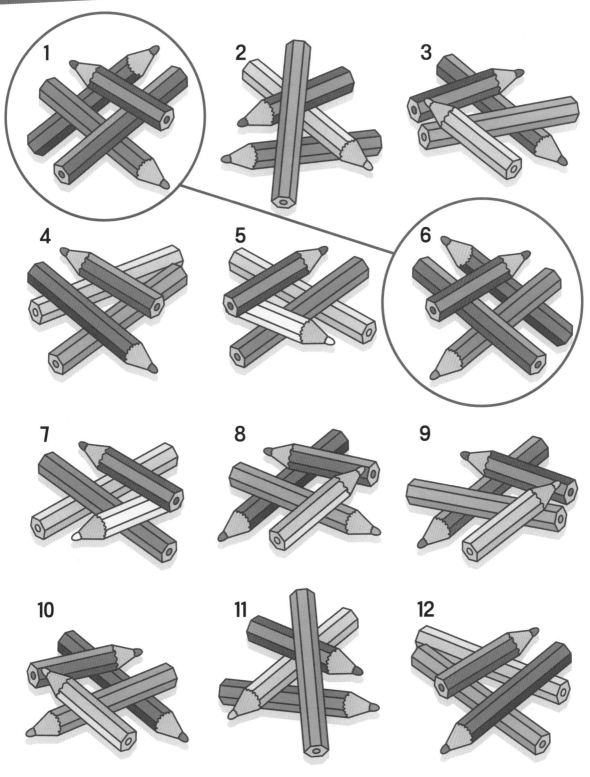

정답 및 해설 16쪽에서 확인하세요.

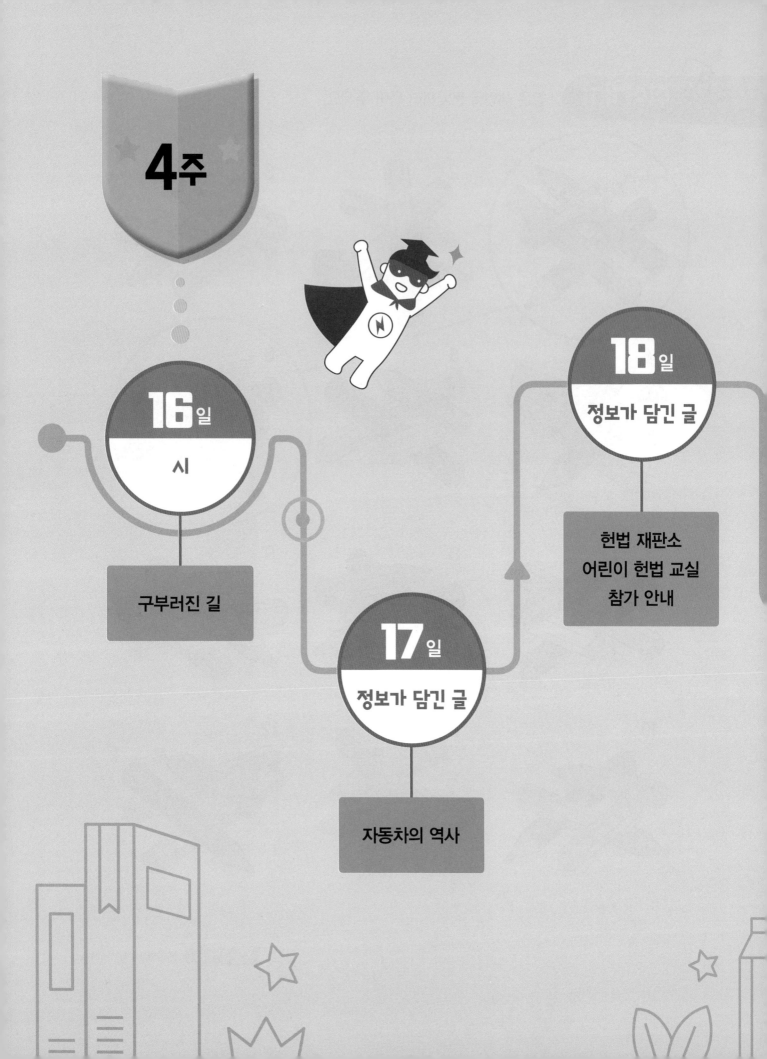

4주

16일
시

구부러진 길

17일
정보가 담긴 글

자동차의 역사

18일
정보가 담긴 글

헌법 재판소
어린이 헌법 교실
참가 안내

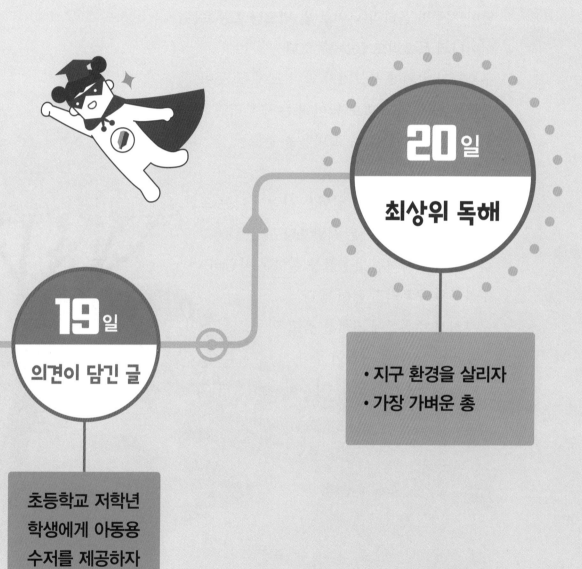

19일

의견이 담긴 글

초등학교 저학년
학생에게 아동용
수저를 제공하자

20일

최상위 독해

• 지구 환경을 살리자
• 가장 가벼운 총

구부러진 길

이준관

나는 구부러진 길이 좋다.

구부러진 길을 가면

ㄱ ⎡ 나비의 밥그릇 같은 민들레를 만날 수 있고

　　 감자를 심는 사람을 만날 수 있다.

　　 날이 저물면 울타리 너머로 밥 먹으라고 부르는

　 ⎣ 어머니의 목소리도 들을 수 있다.

구부러진 *하천에 물고기가 많이 모여 살 듯이

들꽃도 많이 피고 별도 많이 뜨는 구부러진 길.

구부러진 길은 산을 품고 마을을 품고

구불구불 간다.

그 ㉡구부러진 길처럼 살아온 사람이 나는 또한 좋다.

*반듯한 길 쉽게 살아온 사람보다

흙투성이 감자처럼 울퉁불퉁 살아온 사람의

구불구불 구부러진 삶이 좋다.

구부러진 주름살에 가족을 품고 이웃을 품고 가는

구부러진 길 같은 사람이 좋다.

*하천: 강과 시내를 아울러 이르는 말.
*반듯한: 비뚤어지거나 굽거나 흐트러지지 않고 바른.

1

내용 이해

다음 빈칸에 알맞은 말을 차례대로 쓰세요.

> ㉠에서 말하는 이는 구부러진 길을 가면 (1) (   )
> 을/를 만날 수 있고, (2) (   )을/를 들을 수 있다고 하였다.

2

추론

㉡에 해당하지 <u>않는</u> 사람은 누구인가요? (   )

① 온갖 고난을 이겨 낸 사람

② 이웃과 함께하는 삶을 사는 사람

③ 자신의 성공만을 위해 노력한 사람

④ 가족을 위해 자신의 삶을 희생한 사람

⑤ 이웃을 위해 봉사하는 삶을 살아온 사람

3

주제

이 시에서 말하는 이의 생각이 잘 드러난 부분을 찾아 ○표 하세요.

(1) 반듯한 길 쉽게 살아온 사람보다   (   )

(2) 날이 저물면 울타리 너머로 밥 먹으라고 부르는   (   )

(3) 구부러진 주름살에 가족을 품고 이웃을 품고 가는 / 구부러진 길 같은 사람이 좋
다.   (   )

4

감상

이 시를 읽고 떠오르는 장면으로 알맞은 것의 기호를 쓰세요.

> ㉮ 자전거를 타고 곧게 뻗은 시골길을 달리는 장면
>
> ㉯ 아이들이 구부러진 하천에서 물고기를 잡는 장면
>
> ㉰ 어떤 사람이 구부러진 길을 걷다가 길가에 피어 있는 민들레를 들여다보는 장면

(   )

5

추론

이 시의 분위기로 알맞은 것을 두 가지 고르세요. (   )

① 슬프다.   ② 쓸쓸하다.

③ 신비롭다.   ④ 따뜻하다.

⑤ 평온하다.

6

감상

이 시에 대한 자신의 생각이나 느낌을 바르게 말한 친구는 누구인지 쓰세요.

> 소연: 말하는 이는 고난 없이 쉽고 편하게 살기를 바라는 것 같아.
>
> 지수: 말하는 이는 이 시를 통해 더불어 사는 삶의 소중함을 강조하고 있어.
>
> 민규: 구부러진 길을 오르내리면서 일하는 농부의 지치고 힘든 마음이 잘 느껴져.

(   )

7

적용·창의

구부러진 길을 가면 어떤 점이 좋을지 이 시의 일부분을 바꾸어 쓰세요.

> 나는 구부러진 길이 좋다.
> 구부러진 길을 가면
> 나비의 밥그릇 같은 민들레를 만날 수 있고
> 감자를 심는 사람을 만날 수 있다.

↓

> 나는 구부러진 길이 좋다.
> 구부러진 길을 가면
>
> _____을/를 만날 수 있고
>
> _____을/를 만날 수 있다.

낱말의 뜻

1 다음 문장에 알맞은 낱말을 (　　) 안에서 골라 ○표 하세요.

⑴ (느타리, 울타리)를 치려고 말뚝을 박았다.

⑵ 갑자기 비가 많이 내려서 (추천, 하천)이 불어났다.

⑶ 우리 집 마당에는 느티나무가 (반듯하게, 빠듯하게) 서 있다.

합성어

2 ○보기○와 같이 둘로 나눌 수 있는 낱말이 <u>아닌</u> 것은 무엇인가요? (　　　　)

> ○보기○　• 밥그릇 → 밥 + 그릇　　　　• 주름살 → 주름 + 살

① 봄비　　　　　② 논밭　　　　　③ 볶음밥
④ 고구마　　　　⑤ 밤나무

사자성어

3 빈칸에 들어갈 사자성어로 알맞은 것에 ○표 하세요.

> 　이 시에서 '구불구불 구부러진 삶'은 　　　　　을/를 겪은 삶을 의미한다고 볼
> 수 있다.

⑴ 오매불망(寤寐不忘) → 자나 깨나 잊지 못함.　　　　　　　　　　(　　)

⑵ 우여곡절(迂餘曲折) → 복잡하고 어려운 사정.　　　　　　　　　　(　　)

⑶ 입신양명(立身揚名) → 출세하여 이름을 세상에 떨침.　　　　　　(　　)

⑷ 죽마고우(竹馬故友) → 함께 죽마를 타던 벗으로, 어릴 때부터 가까이 지내던 친
　　구를 뜻하는 말.　　　　　　　　　　　　　　　　　　　　　　(　　)

1 옛날에 사람들은 바퀴가 달린 수레를 만들어 사람이나 물건을 운송하였다. 이 때 사람이나 소, 말과 같은 동물이 수레를 끌었지만, ㉠금새 지쳐 버리는 게 문제였다. 그래서 사람들은 스스로 바퀴를 돌려 움직일 수 있는 이동 수단에 대하여 ㉡끊임없이 연구하였고, 마침내 자동차를 개발하였다. 자동차의 역사에 대해 알아보자.

2 레오나르도 다빈치는 1482년에 *태엽이 풀리는 힘을 이용한 태엽 자동차를 생각해 냈다. 그 당시에 태엽의 힘을 이용한 자동차를 생각해 내었다니 무척 놀랍고 신기하다. 1599년, 네덜란드의 시몬 스테빈은 4개의 나무 바퀴에 ㉢돛을 달아 바람의 힘으로 움직이는 풍력 자동차를 만들었다. 하지만 바람의 방향이 일정하지 않아 ⟨ ㉮ ⟩ 1680년에는 영국의 과학자 뉴턴이 *증기를 뒤쪽으로 내뿜으며 움직이는 증기 자동차를 계획했으나, ㉣실제로 만들지는 못했다. 이후 1769년에 프랑스의 니콜라스 퀴노가 최초의 증기 자동차를 만들었다. 하지만 그 속도는 사람이 걷는 수준에 불과할 정도로 매우 느렸다.

3 그 이후 유럽 각지에서 자동차에 대한 연구가 활발하게 진행되었다. 마침내 독일의 칼 벤츠가 1885년에 가솔린 자동차를 발명했는데, 이것이 현대식 자동차의 시초라고 할 수 있다. 그러나 이 당시의 자동차는 부품을 ㉤일일이 손으로 만드느라 가격이 비쌌기 때문에 귀족이나 돈 많은 사람만 탈 수 있었다.

4 1908년, 미국의 헨리 포드가 '모델 T'라는 자동차를 개발하였다. 그리고 최초로 자동차 생산 *공정에 컨베이어 벨트를 들여와 자동차를 만들 때 필요한 재료들이 근로자들에게 스스로 운반되도록 하였다. 이로 인해 자동차 생산 시간이 줄어들어 자동차 대량 생산이 가능해졌으며, 자동차 가격도 떨어졌다. 그러면서 자동차가 사람들에게 널리 보급되었고, 사람들의 필수품이 되었다.

5 그러나 석유와 가스를 연료로 사용하는 자동차의 매연이 환경 오염의 원인이 되자 세계의 유명한 자동차 회사들은 환경을 파괴하지 않는 친환경 자동차를 개발하기 시작했다. 최근에는 첨단 기술을 적용한 *자율 주행 자동차도 등장하였다.

* 태엽: 강철로 된 얇고 긴 띠를 돌돌 말아 그 풀리는 힘으로 시계 등을 움직이게 하는 장치.
* 증기: 기체 상태로 되어 있는 물.
* 공정: 한 제품이 완성되기까지 거쳐야 하는 하나하나의 작업 단계.
* 컨베이어 벨트: 한 지점에서 다른 지점으로 물건 또는 소재를 운반하는 기계적 장치.
* 자율 주행 자동차: 운전자가 차량을 조작하지 않아도 스스로 움직이는 자동차.

1 　무엇에 대하여 설명하는 글인가요? (　　　　)

주제

① 자동차의 역사　　　　　　　　② 세계 자동차 생산량

③ 자동차를 만드는 순서　　　　　④ 친환경 자동차의 단점

⑤ 교통수단의 발달로 달라질 미래의 모습

2 　㉮에 들어갈 내용을 바르게 짐작한 것은 무엇인가요? (　　　　)

추론

① 가격이 비쌌다.

② 운전하기가 쉬웠다.

③ 많은 사람을 태울 수 있었다.

④ 빠른 속도로 달릴 수 있었다.

⑤ 원하는 방향으로 움직일 수 없었다.

3 　❷문단에서 글쓴이의 생각이 드러난 문장을 찾아 쓰세요.

내용 이해

(　　　　　　　　　　　　　　　　　　　　　　　　　　　　　　　　　　　)

4 　㉠~㉤ 중에서 맞춤법에 맞지 <u>않는</u> 것은 무엇인가요? (　　　　)

어휘·표현

① ㉠ 금새　　　　　　　　　② ㉡ 끊임없이

③ ㉢ 돗　　　　　　　　　　④ ㉣ 실제로

⑤ ㉤ 일일이

5 자동차가 발전한 순서대로 번호를 쓰세요.

내용 이해

(1) 헨리 포드가 개발한 '모델 T'   (   )

(2) 시몬 스테빈이 만든 풍력 자동차   (   )

(3) 칼 벤츠가 발명한 가솔린 자동차   (   )

(4) 환경을 파괴하지 않는 친환경 자동차   (   )

(5) 레오나르도 다빈치가 생각해 낸 태엽 자동차 (   )

6 이 글을 읽고 자신의 생각을 바르게 말하지 <u>못한</u> 친구는 누구인지 쓰세요.

비판

> 진서: ❷문단에 뉴턴이 증기 자동차를 실제로 만들지 못한 까닭을 넣어 설명했으
> 면 더 좋았을 것 같아.
> 경민: ❹문단에 자동차가 사람들에게 널리 보급된 까닭을 넣어 설명했으면 더 좋
> 았을 것 같아.
> 선미: ❺문단에 친환경 자동차에는 어떤 것이 있는지 예를 들어 설명했으면 더 좋
> 았을 것 같아.

(   )

7 이 글을 읽은 다혜가 다음과 같은 점을 해결하기 위해 찾아보면 좋을 자료로 알맞은
것에 ○표 하세요.

적용·창의

자율 주행 자동차의 장점과 단점을 알고 싶어.

다혜

(1) 자율 주행 자동차 전시장 안내문   (   )

(2) 미래 자동차 시장 규모를 예측한 그래프   (   )

(3) 자율 주행 자동차를 연구한 사람을 인터뷰한 기사

                                  (   )

낱말의 뜻

1 다음 문장에 알맞은 낱말을 (   ) 안에서 골라 ○표 하세요.

(1) 현수가 내 별명을 부른 게 이 싸움의 (기초, 시초)였다.

(2) 태권도는 전 세계에 (보급, 지급)되어 있는 우리나라 무술이다.

(3) 세계 최고의 부자가 되는 것은 허황된 꿈에 (불과하다, 경과하다).

비슷한말

2 밑줄 친 낱말과 바꾸어 써도 문장의 뜻이 달라지지 않는 낱말은 무엇인가요? (   )

> 자동차 가격이 <u>떨어졌다</u>.

① 짧아졌다   ② 끊어졌다   ③ 멀어졌다

④ 내려갔다   ⑤ 없어졌다

사자성어

3 다음 내용과 관계있는 사자성어에 ○표 하세요.

> 자동차 생산 공정에 컨베이어 벨트가 도입되어 근로자들도 일하기 편해졌고, 자동차 회사도 자동차를 대량으로 생산할 수 있게 되었다.

(1) 일거양득(一擧兩得) → 한 가지 일을 하여 두 가지 이익을 얻음.   (   )

(2) 결자해지(結者解之) → 맺은 사람이 풀어야 한다는 뜻으로, 자기가 저지른 일은 자기가 해결하여야 함을 이르는 말.   (   )

제목	헌법 재판소 어린이 헌법 교실 참가 안내		
작성자	관리자	등록일	20○○. 4. 8.
첨부 파일	헌법 재판소 어린이 헌법 교실 참가 안내문.hwp		

국민의 권리와 의무는 어린이에게도 소중한 것!
– 헌법 재판소, 어린이를 위한 눈높이 '헌법 교실' 개최 –

헌법 재판소가 작년에 이어 올해에도 '어린이 헌법 교실'을 엽니다.

4월 1일(수) 17개 시·도 교육청과 소속 교육 지원청에 일제히 협조 및 안내 공문을 발송하여 헌법 교실 참가자들을 모집한 것을 시작으로 오는 5월 20일에는 헌법 재판소에서 *입교식을 개최하고, 7~8월에는 여름 방학 기간을 이용한 특별 견학을 진행하며, 11월 중에 '어린이 헌법 토론 대회'를 개최하는 것으로 마무리하게 됩니다.

특히, 온라인 '어린이 헌법 교실(http://kids.ccourt.go.kr)'은 작년에 구축한 헌법과 관련한 플래시, 게임, 노래 등 재미있는 눈높이 헌법 콘텐츠에 더하여 헌법 동화 등 새롭고 다채로운 내용을 추가로 제공하여 헌법과 헌법 재판에 관심 있는 어린이라면 누구나 쉽게 이용할 수 있도록 할 것입니다.

헌법 재판소는 어린이들이 헌법적 가치를 이해하고 미래의 *건실한 국가 구성원이 될 수 있도록 이들에 대한 헌법 교육을 조기에 실시하는 것이 바람직하다는 판단하에 2014년에 처음으로 어린이 헌법 교실을 열어 어린이들뿐만 아니라 교사나 학부모들로부터 좋은 반응을 얻은 바 있습니다. 이에 따라 올해에도 더욱 알차고 흥미로운 ㉠눈높이 헌법 교육을 준비 중입니다.

어린이 헌법 교실 참가 자격은 전국 초등학교 4~6학년 학생들이며, 참가를 원할 경우 지도 교사를 선정한 후 학생 9명으로 1팀을 구성하여 헌법 재판소 홍보 담당관실 이메일 주소(gongbo@ccourt.go.kr)로 신청하면 됩니다. 자세한 사항은 첨부된 ㉡'헌법 재판소 어린이 헌법 교실 참가 안내문'을 참고하시기 바랍니다.

* 입교식: 입학할 때에 신입생을 모아 놓고 행하는 의식.
* 건실한: 생각, 태도 따위가 건전하고 착실한.

1
주제

무엇에 대하여 안내하는 글인지 쓰세요.

(   ) 참가 안내

2
내용 이해

'어린이 헌법 교실'을 개최한 목적은 무엇인가요? (   )

① 헌법 재판소를 홍보하려고
② 어린이를 위한 헌법을 만들려고
③ 교사와 학부모에게 헌법을 가르치려고
④ 어린이들에게 헌법을 조기에 가르치려고
⑤ 온라인 '어린이 헌법 교실'의 이용 방법을 알리려고

3
어휘·표현

㉠의 뜻으로 알맞은 것에 ○표 하세요.

(1) 교육 내용이 매우 재미있고 알차다.   (   )
(2) 모든 사람을 대상으로 헌법 교육을 한다.   (   )
(3) 초등학생의 수준에 맞게 헌법 교육을 한다.   (   )

4
짜임

다음은 이 글의 내용을 간추려 작성한 ㉡의 일부 내용입니다. ㉮~㉺ 중 잘못 간추린 부분을 찾아 기호를 쓰세요.

■ 모집 대상
  • ㉮초등학교 4, 5, 6학년 학생
  • ㉯학생 9명이 1팀으로 참가 신청, ㉰지도 교사는 헌법 재판소에서 선정함.
■ 활동 내용
  • ㉱입교식 참가(5월 20일)
  • 헌법 재판소 특별 견학 참여(7~8월 중)
  • ㉲'어린이 헌법 토론 대회' 참가(11월 중)
■ 접수 기간: 20○○. 4. 9.~20○○. 4. 17.

(   )

5 이 글을 읽고 알 수 있는 내용이 <u>아닌</u> 것의 기호를 쓰세요.

짜임

> ㉮ 헌법 재판소의 구성
> ㉯ 어린이 헌법 교실 신청 방법
> ㉰ 어린이 헌법 교실 참가 자격
> ㉱ 온라인 '어린이 헌법 교실'에서 제공하는 콘텐츠

(   )

6 이 글을 통해 짐작할 수 있는 사실로 알맞은 것을 두 가지 고르세요. (   )

추론

① 올해 '어린이 헌법 교실' 일정은 2014년과 같다.
② 헌법과 헌법 재판에 관심 있는 어린이가 거의 없다.
③ 2014년에 개최한 '어린이 헌법 교실'은 성공적이었다.
④ '어린이 헌법 교실' 참가 자격이 해마다 까다로워지고 있다.
⑤ 교사나 학부모들은 헌법 교육을 조기에 실시하는 것에 대해 긍정적이다.

7 '어린이 헌법 토론 대회'에서는 우리 주변의 다양한 주제에 대해 어린이의 눈높이에서
토론하려고 합니다. 토론 주제로 알맞지 <u>않은</u> 것에 ×표 하세요.

적용·창의

(1) 학교 안에 CCTV를 설치하는 것은 기본권 침해이다.   (   )

(2) 학교 시설을 주민들에게 개방하는 것은 교육권 침해이다.   (   )

(3) 학생들이 돌아가면서 학급 청소를 하는 것은 학생들의 평등권을 침해하는 것이다.

(   )

어휘력 강화

낱말의 뜻

1 다음 문장에 알맞은 낱말을 (   ) 안에서 골라 ○표 하세요.

(1) 병은 (조건, 조기)에 발견해야 치료하기가 더 쉽다.

(2) 축제 안내장을 회원들에게 전자 우편으로 (발송했다, 방송했다).

(3) 이번 회의에서 아동 보호를 위한 시스템을 (단축하기로, 구축하기로) 결정했다.

반대말

2 뜻이 반대되는 낱말끼리 짝 지어지지 <u>않은</u> 것은 무엇인가요? (   )

① 미래 – 과거   ② 어린이 – 어른   ③ 처음 – 마지막

④ 원하다 – 바라다   ⑤ 흥미롭다 – 시시하다

속담

3 밑줄 친 내용과 관계있는 속담에 ○표 하세요.

> 대한민국 헌법은 <u>모든 사람이 신분이나 성별, 종교, 지역에 따라 차별을 받지 않을 권리를 보장한다.</u>

(1) 사람이 죽으란 법은 없다 → 아무리 어려운 경우에 처하더라도 살아 나갈 방도가 생긴다는 말.   (   )

(2) 사람 위에 사람 없고 사람 밑에 사람 없다 → 사람은 본래 태어날 때부터 평등함을 이르는 말.   (   )

(3) 사람은 헌 사람이 좋고 옷은 새 옷이 좋다 → 물건은 새것이 좋고 사람은 오래 사귀어 서로를 잘 알고 정분이 두터워진 사람이 좋다는 말.   (   )

1 우리나라의 초등학생은 모두 학교에서 급식을 먹는다. 그런데 대부분의 초등학교에서 학생들에게 성인용 ㉠수저를 제공하고 있어 저학년 학생이 음식물을 *섭취하기가 어렵고 행동이 *제한되는 등 여러 가지 불편을 겪고 있다. 서울시 교육청에 따르면 597개 초등학교 가운데 583개교가 학생에게 성인용 수저를 제공한다고 한다. ㉡서울 이외의 다른 지역도 *사정은 비슷한 것으로 조사되었다. 초등학교 저학년 학생에게는 아동용 수저를 제공하여야 한다. 그 까닭은 다음과 같다.

2 첫째, 급식을 더 쉽고 편하게 먹을 수 있기 때문이다. 저학년 학생이 성인용 수저로 급식을 먹으면 수저가 너무 크고 길어서 밥이나 국, 반찬을 자주 흘리기도 하고 음식을 한 번에 먹지 못하는 경우도 많다. 보통 아동용 숟가락은 15~17센티미터, 아동용 젓가락은 16~18센티미터이지만, 학교 급식에서 쓰고 있는 성인용 숟가락은 20~22센티미터, 성인용 젓가락은 21~22센티미터로, 아동용보다 무려 3~7센티미터나 길다. ㉢국가 인권 위원회에서도 "아동의 발달 단계에 알맞은 급식 기구를 사용하는 것이 아동의 성장 발달에 긍정적인 영향을 가져올 수 있다."라며 "학교 급식에서 아동이 사용하기에 알맞은 수저를 제공하는 것이 바람직하다."라고 밝혔다.

3 둘째, 성인용 수저로 밥을 먹는 것이 식사 습관에 나쁜 영향을 끼치기 때문이다. 성인용 수저를 사용하는 저학년 학생의 대부분은 젓가락 사용이 서툴러 급식 시간에 젓가락으로 포크처럼 반찬을 찍어 먹거나 숟가락만으로 밥과 반찬을 먹는 경우가 많다. 또 젓가락이 너무 길어 젓가락질을 올바르게 하지 못하고 X자 형태로 하기도 한다. 저학년 학생에게 아동용 수저를 제공한다면 어려서부터 수저를 바르게 사용할 수 있고, 바른 식사 습관을 가질 수 있다.

4 학교에서도 아이들의 권리는 반드시 보장되어야 한다. 초등학교 저학년 학생에게 하루빨리 아동용 수저가 제공되어야 할 것이다.

* 섭취하기가: 영양분 등을 몸속에 받아들이기가.
* 제한되는: 일정한 정도나 범위가 정해지거나, 그 정도나 범위가 초과되지 못하게 막히는.
* 사정: 일의 형편이나 까닭.

1

내용 이해

글쓴이가 제기한 문제 상황으로 알맞은 것에 ○표 하세요.

(1) 초등학교 저학년 학생들의 편식이 심하다. ( )

(2) 초등학교 저학년 학생들의 식사 예절 교육이 제대로 이루어지지 않고 있다.

( )

(3) 초등학교 학생에게 성인용 수저가 제공되어 저학년 학생이 불편을 겪고 있다.

( )

2

주제

글쓴이가 내세우는 주장은 무엇인가요? ( )

① 급식을 남기지 않고 다 먹어야 한다.

② 초등학생에게 젓가락질을 가르쳐야 한다.

③ 급식을 흘리지 말고 조심스럽게 먹어야 한다.

④ 초등학생에게 질 좋은 급식을 제공해야 한다.

⑤ 초등학교 저학년 학생에게 아동용 수저를 제공해야 한다.

3

짜임

❶~❹문단 중에서 근거가 드러난 문단의 번호를 모두 쓰세요.

( )

4

어휘·표현

㉠'수저'는 숟가락과 젓가락을 아울러 이르는 말입니다. 이와 같이 두 가지를 아우르는 말은 무엇인가요? ( )

① 학생   ② 반찬   ③ 음식물

④ 오누이   ⑤ 할머니

5

추론

ⓛ을 통해 짐작할 수 있는 사실로 알맞은 것의 기호를 쓰세요.

> ㉮ 아이들이 성인용 수저를 손쉽게 사용할 수 있다.
>
> ㉯ 아동용 수저를 별도로 제공하는 초등학교의 수가 늘어나고 있다.
>
> ㉰ 전국에 있는 대부분의 초등학생들에게 성인용 수저를 제공하고 있다.

(   )

6

비판

글쓴이와 생각이 <u>다른</u> 친구는 누구인지 쓰세요.

> 수현: 학교는 아동에게 맞는 환경을 만들어 줄 의무가 있어.
>
> 지우: 숟가락이 너무 크면 그만큼 음식도 많은 양을 한꺼번에 먹게 되어 아이들에게 위험할 수 있어.
>
> 민재: 아동용 수저로 교체하려면 비용이 많이 들어. 그리고 저학년 학생이지만 성인용 수저도 사용하다 보면 곧 익숙해질 거야.

(   )

7

적용·창의

다음과 같은 국가 인권 위원회의 의견을 뒷받침하는 예로 가장 알맞은 것은 무엇인가요? (   )

> 아동의 발달 단계에 알맞은 급식 기구를 사용하는 것이 아동의 성장 발달에 긍정적인 영향을 가져올 수 있다.

① 초등학교 저학년 학생에게 급식 반찬을 조금만 준다.

② 초등학교 저학년 학생에게 교실 청소를 시키지 않는다.

③ 초등학교 저학년 학생에게 학교 급식을 제공하지 않는다.

④ 초등학교 저학년 학생에게 작고 가벼운 식판을 제공한다.

⑤ 초등학교 저학년 학생과 고학년 학생의 급식 시간을 다르게 한다.

어휘력 강화

1 다음 문장에 알맞은 낱말을 ( ) 안에서 골라 ○표 하세요.

⑴ 모둠의 인원은 다섯 명으로 (거절된다, 제한된다).

⑵ 수연이는 오늘 갑자기 집안 (사정, 사항)이 생겨서 조퇴를 했다.

⑶ 관광 안내소에서는 관광객에게 필요한 여행 정보를 (제공하고, 제거하고) 있다.

2 빈칸에 공통으로 들어갈 이어 주는 말은 무엇인가요? ( )

> • 인형이 너무 예쁘네. [   ] 이거 어디에서 샀어?
> • 나는 축구를 잘 못한다. [   ] 우리 형은 축구를 잘한다.

① 그리고   ② 그런데   ③ 하지만

④ 그러므로   ⑤ 왜냐하면

3 밑줄 친 관용어의 뜻으로 알맞은 것은 무엇인가요? ( )

> 가족이 모두 모였으니 이제 숟가락을 들자.

① 말하다   ② 사용하다   ③ 시작하다

④ 식사하다   ⑤ 끼어들다

가

우리가 살고 있는 지구가 병들어 가고 있다. 지구 온난화가 점점 심해짐에 따라 ㉠전례 없는 *기상 이변이 잇따라 일어나 사람뿐만 아니라 자연에까지 많은 영향을 주고 있다. 사람들은 삶의 터전을 위협받고 있고 동식물들은 멸종 위기에 처해 있다. 따라서 환경을 보호하려는 자세를 갖고 병들어 가는 지구 환경을 살려야 한다. 지구 환경을 살리기 위해 우리가 생활 속에서 실천할 수 있는 일은 다음과 같다.

첫째, 에너지 소비 *효율 등급이 높은 전자 제품을 사용하고, 사용하지 않는 전자 제품의 *플러그는 반드시 뽑아 둔다. 우리가 사용하는 전자 제품에는 에너지 소비 효율 등급이 표시되어 있다. 숫자가 작은 것이 등급이 높고 전기를 조금 쓰는 것이다. 에너지 효율 1등급 제품을 사용하면 5등급 제품을 사용할 때보다 30~40퍼센트의 에너지를 절약할 수 있다. 또한 사용하지 않는 전자 제품의 플러그를 *콘센트에 꽂아 놓기만 해도 많은 에너지가 낭비된다. 각 가정에서 사용하지 않는 전자 제품의 플러그만 잘 뽑아도 화력 발전소 1개소에서 발생하는 온실가스를 줄일 수 있어 환경을 보호할 수 있다.

둘째, 대중교통을 이용하고 가까운 거리는 걷거나 자전거를 이용한다. 일주일에 한 번, 승용차 대신 대중교통을 이용하면 연간 71그루의 나무를 심는 효과를 볼 수 있다. 또 가까운 거리를 이동할 때 걷거나 자전거를 타면 환경 보호뿐만 아니라 운동 효과도 볼 수 있다.

셋째, 냉방기나 난방기를 사용할 때 실내 적정 온도에 맞춰 사용한다. 여름철 실내 적정 온도는 26도, 겨울철 실내 적정 온도는 20도이다. 여름철에 에어컨을 실내 적정 온도보다 낮게 맞추는 경우가 많은데, 에어컨으로 실내 온도를 1도씩 낮출 때마다 전력이 7퍼센트나 더 소비된다. 그러므로 에어컨을 실내 적정 온도에 맞춘 뒤 선풍기를 같이 사용하는 것이 좋다. 그렇게 하면 선풍기가 공기의 순환을 돕기 때문에 실내 온도가 더 빠르게 떨어지고, 에어컨을 끄더라도 냉방 효과가 더 오래 *지속될 수 있다. 또한 냉방기나 난방기를 *주기적으로 청소해 주는 것도 에너지를 절약하는 방법이다.

● 지문의 난이도

상 중 하

● 문제의 난이도

상 중 하

> **낱말 뜻**

* 기상 이변: 보통 지난 30년간의 기상과 아주 다른 기상 현상.
* 효율: 기계의 일한 양과 공급되는 에너지와의 비율.
* 플러그: 전기 회로를 잇거나 끊을 수 있도록 전선의 끝에 달린 장치.
* 콘센트: 전기가 흐르는 선과 코드를 이어 주며, 플러그를 끼워 전기를 통하게 하는 기구.
* 지속될: 어떤 상태가 오래 계속될.
* 주기적: 일정한 간격을 두고 되풀이하여 진행하거나 나타나는 것.

지구 환경을 지키는 일은 우리의 작은 실천으로부터 시작된다. 병들어 가는 지구를 살리고 미래 *세대에게 깨끗한 환경을 물려주기 위해서 우리 모두 노력해야 한다.

나

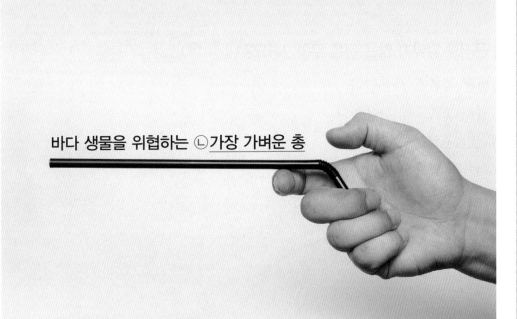

바다 생물을 위협하는 ⓛ가장 가벼운 총

전 세계 바다에 버려지는
플라스틱 빨대 한 해 800만 톤—
사람들에겐 편리한 작은 빨대 하나지만
바다 생물들에겐 생명의 위협이 됩니다.
이제라도 플라스틱 빨대 사용을 줄여서
바다 생물과 함께 지구 환경도 살릴 때입니다.

kobaco
공익광고협의회

▲ 재사용이 가능한
   금속 빨대

: 낱말 뜻

*세대: 어떤 사회를 살아가
는 바로 그 시대.

1

어휘·표현

㉠의 뜻으로 알맞은 것은 무엇인가요? (   )

① 이전에 없었던   ② 종류가 다양한
③ 받아들이기 어려운   ④ 실제로 일어나지 않은
⑤ 원인이 밝혀지지 않은

2

추론

글 **가**에 덧붙일 근거로 알맞지 <u>않은</u> 것은 무엇인가요? (   )

① 재생 소재로 만든 제품을 사용한다.
② 물건을 고쳐 가며 오래오래 사용한다.
③ 꼭 필요한 물건만 구입하여 사용한다.
④ 새로운 전자 제품이 나올 때마다 구매한다.
⑤ 일회용 비닐봉지 대신 장바구니를 사용한다.

3

내용 이해

㉡'가장 가벼운 총'은 무엇을 말하는 것인지 광고 **나**에서 찾아 쓰세요.

(   )

4

주제

글 **가**와 광고 **나**에 나타난 공통적인 의견은 무엇인가요? (   )

① 자원을 낭비하지 말아야 한다.
② 자동차를 안전하게 운행해야 한다.
③ 병들어 가는 지구 환경을 살려야 한다.
④ 자연을 보호하기 위하여 나무를 심어야 한다.
⑤ 건강을 잃지 않도록 꾸준히 운동을 해야 한다.

5

내용 이해

글 **가**와 광고 **나**에 제시된 문제의 해결 방안이 <u>아닌</u> 것은 무엇인가요? (　　　)

① 대중교통을 이용한다.

② 플라스틱 빨대 사용을 줄인다.

③ 멸종 위기에 놓인 동물을 잡지 않는다.

④ 냉방기나 난방기는 실내 적정 온도에 맞춰 사용한다.

⑤ 에너지 소비 효율 등급이 높은 전자 제품을 사용한다.

6

비판

글 **가**와 광고 **나**를 읽고 자신의 생각을 바르게 말하지 <u>못한</u> 친구는 누구인지 쓰세요.

> 예진: 대중교통을 이용하면 연료를 절약할 수 있으므로 지구 환경을 살릴 수 있어.
>
> 수혁: 에너지 소비 효율 등급이 높은 전자 제품을 사용해도 오래 되면 성능이 떨어 지므로 지구 환경을 살릴 수 있는 것은 아니야.
>
> 하영: 바다 생물이 바다에 버려진 플라스틱을 먹이로 착각하고 먹어서 다치거나 목숨을 잃는 경우가 많으므로 플라스틱 제품 사용을 줄이려는 노력이 필요해.

(　　　　　　　　)

7

적용·창의

광고 **나**와 다음 내용을 관련지어 바르게 이해한 것을 두 가지 고르세요. (　　　)

> 　신종 코로나 바이러스 감염으로 인해 세계적으로 마스크 사용이 늘어났지만 이 를 제대로 버리지 않아 해양이 더욱 오염되고 있다. 한 환경 단체에 따르면 올해 코로나 19로 인해 15억 개가 넘는 일회용 마스크가 전 세계 바다에 버려졌다고 한 다. 일회용 마스크는 분해되는 데 450년이 걸리며 미세 플라스틱으로 천천히 변하 여 해양 생태계에 큰 위협이 될 것이다.

① 바다에 버려지는 플라스틱 쓰레기의 양이 많다.

② 해양 오염은 사람에게 큰 영향을 미치지 않는다.

③ 바다에 버려지는 쓰레기를 처리하려면 비용이 많이 든다.

④ 전 세계적으로 미세 플라스틱에 대한 사람들의 관심이 늘어나고 있다.

⑤ 플라스틱 쓰레기를 계속 버리게 되면 바다 생물은 결국 멸종될 것이다.

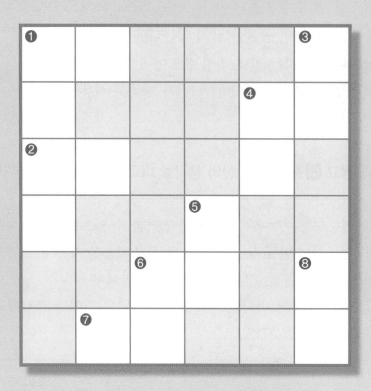

가로 →

❶ 일정한 정도나 범위를 정하거나, 그 정도나 범위를 넘지 못하게 막음. 또는 그렇게 정한 한계. ㉠ 개발 ○○ 구역

❷ 강과 시내를 아울러 이르는 말.

❹ 한 제품이 완성되기까지 거쳐야 하는 하나하나의 작업 단계.

❻ 물건, 편지, 서류 따위를 우편이나 운송 수단을 이용하여 보냄.

❼ 생물이 살 수 있도록 하는 힘.
㉠ ○○이 위태롭다.

세로 ↓

❶ 무엇을 내주거나 갖다 바치다. ㉠ 참가자에게 음식을 ○○○○.

❸ 일의 형편이나 까닭.

❹ 공공 기관이나 단체에서 공식으로 작성한 서류.

❺ 사람을 태워 보내거나 물건 따위를 실어 보냄. ㉠ 수레로 물건을 ○○하였다.

❻ 아직까지 없던 기술이나 물건을 새로 생각하여 만들어 냄.

❽ 맨 처음.

정답 및 해설 16쪽에서 확인하세요.

같은 구성의 과일끼리 서로 짝 지어 주세요.

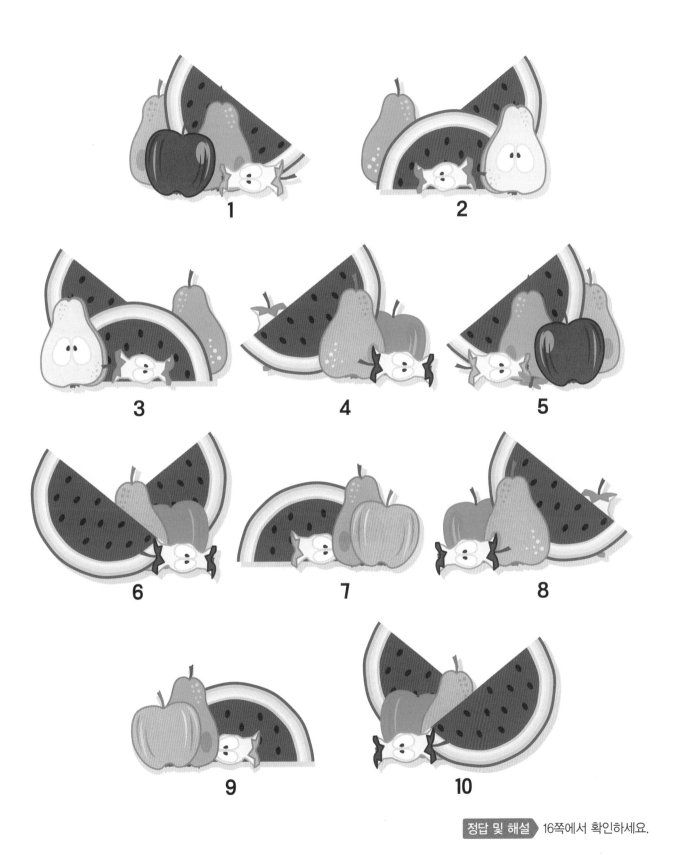

정답 및 해설 16쪽에서 확인하세요.

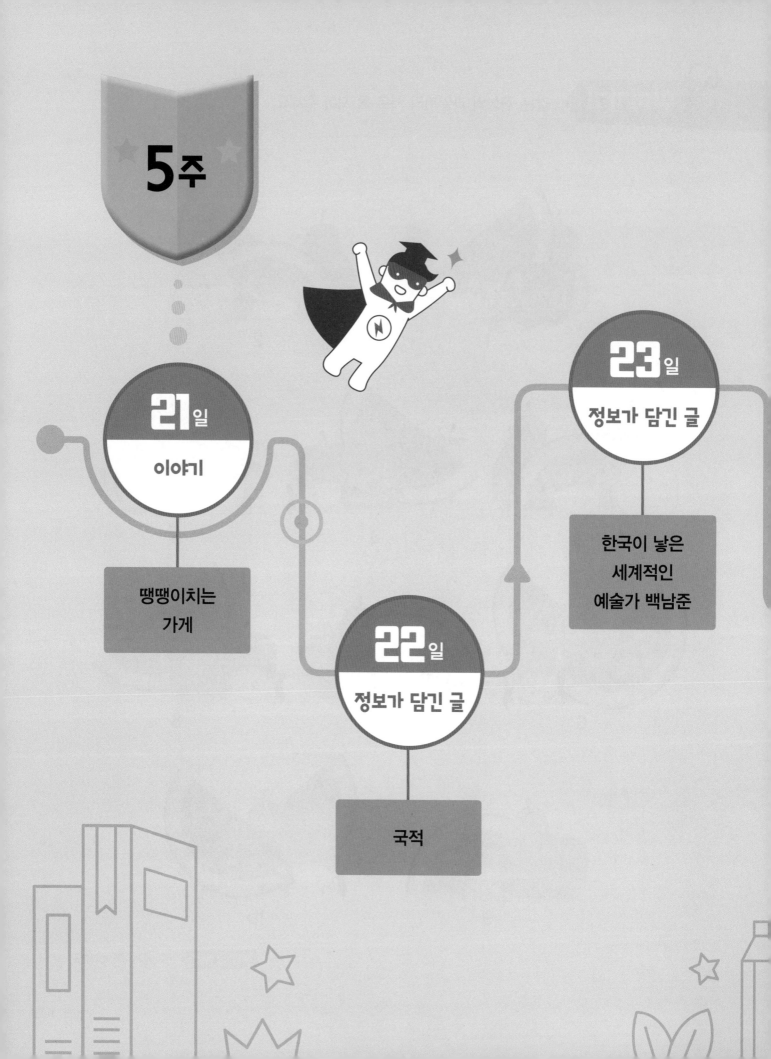

5주

21일
이야기

땡땡이치는
가게

22일
정보가 담긴 글

국적

23일
정보가 담긴 글

한국이 낳은
세계적인
예술가 백남준

25일

최상위 독해

• 위대한 영화 음악 작곡가,
엔니오 모리코네
• 따라쟁이 신경 세포, 거울
신경

24일

의견이 담긴 글

면역력을
높이자

땡땡이치는 가게

혜지는 오늘따라 학교 가는 게 너무 싫었어요. 졸려서 눈도 잘 안 떠지고, 다리도 *천근만근이었지요. 어제 언니랑 늦게까지 노는 바람에 잠을 조금밖에 못 잤거든요. 그래서 학교 가는 길이 더 멀게만 느껴졌답니다.

혜지가 작은 가게들이 있는 골목길을 지나가던 바로 그때였어요. 골목 안에 '땡땡이치는 가게'라는 간판이 달린 낯선 가게가 혜지의 시선을 사로잡았어요.

㉠'어? 못 보던 가게네. 언제 이런 가게가 생겼지?'

그런 생각을 하고 있는데, '땡땡땡' 하는 종소리와 함께 가게 문이 열렸어요. 그리고 가슴에 종 모양의 은색 브로치를 단 할머니 한 분이 나오셨어요.

"얘, 꼬마야! 너, 학교 가기 싫지?"

㉡"네? 그걸 어…… 어떻게 아셨어요?"

"그럼, 우리 가게로 오렴. 땡땡이치고 놀기 딱 좋은 곳이란다. 재미있는 것이 아주 많아."

할머니께서 인자한 미소를 지으며 혜지를 향해 손짓을 하셨어요. 혜지는 자기도 모르게 할머니를 향해 걸어갔어요. 그러다 문뜩 땡땡이치는 가게에 한번 들어가면 다시는 학교에 가고 싶지 않을 것 같은 생각이 들었어요. 혜지는 정신이 번쩍 들었지요.

"아, 아, 아니에요. 학교 끝나고 올게요."

혜지는 뒤도 돌아보지 않고 학교로 뛰어갔어요.

그런데 이게 웬일이에요? 오늘 학교에 오지 않은 아이들이 여럿 된다지 뭐예요. 집에서는 모두 학교 간다고 나갔는데 말이에요. 그 때문에 학교가 발칵 뒤집혔지요. 학교에 경찰 아저씨들까지 왔답니다. 학교에 오지 않은 아이들이 땡땡이치는 가게로 들어가는 걸 봤다는 친구들의 말을 듣고 경찰 아저씨들이 급히 땡땡이치는 가게로 달려갔어요. 하지만 아이들을 찾았다는 소식은 들리지 않았답니다.

혜지는 학교가 끝나자마자 땡땡이치는 가게가 있었던 골목으로 가 보았어요. 그런데 ㉢그곳에는 아무것도 없었어요. ㉣땡땡이치는 가게가 감쪽같이 사라진 거예요.

혜지는 땡땡이치는 가게 안에 있을 친구들이 걱정되었어요.

* 천근만근: 무게가 천 근이나 만 근이 된다는 뜻으로, 아주 무거움을 비유적으로 이르는 말.

1 이 글에 대한 설명으로 알맞은 것의 기호를 쓰세요.

내용 이해

> ㉮ 중심인물은 '혜지'이다.
> ㉯ 혜지가 하굣길에 겪은 일을 쓴 글이다.
> ㉰ 일이 일어난 곳은 땡땡이치는 가게 안이다.

(   )

2 ㉠과 ㉡에서 짐작할 수 있는 혜지의 마음이 바르게 짝 지어진 것은 무엇인가요?

추론   (   )

① ㉠: 궁금함, ㉡: 화남   ② ㉠: 놀람, ㉡: 궁금함
③ ㉠: 궁금함, ㉡: 놀람   ④ ㉠: 외로움, ㉡: 놀람
⑤ ㉠: 궁금함, ㉡: 외로움

3 다음 일의 결과로 일어난 일을 찾아 ○표 하세요.

짜임

> 몇몇 아이들이 땡땡이치는 가게에 들어갔다.

(1) 땡땡이치는 가게가 사라졌다.

(   )

(2) 가게에 들어간 아이들이 학교에 오지 않았다.

(   )

(3) 혜지는 뒤도 돌아보지 않고 학교로 뛰어갔다.

(   )

4 ㉢이 가리키는 곳은 어디인지 쓰세요.

내용 이해

(   )

5 　@의 상황과 관계있는 속담은 무엇인가요? (　　　)

어휘·표현

① 땅 짚고 헤엄치기

② 귀신이 곡할 노릇

③ 다람쥐 쳇바퀴 돌듯

④ 눈 뜨고 도둑맞는다

⑤ 귀에 걸면 귀걸이 코에 걸면 코걸이

6 　주혁이는 이 글에 나오는 인물 중에서 누구에 대한 생각을 말한 것인지 쓰세요.

감상

다른 사람의 말에 흔들리지 않고 자신의 생각대로 행동했어.

주혁

(　　　　　　　　)

7 　이 글 뒤에 이어질 내용을 상상하여 쓰세요.

적용·창의

_____

_____

_____

낱말의 뜻

1 다음 문장에 알맞은 낱말을 ( ) 안에서 골라 ○표 하세요.

⑴ 아이는 사탕 가게 앞에서 (시설, 시선)을 떼지 못하고 서 있었다.

⑵ 할아버지는 손자들의 재롱을 보며 (인색하게, 인자하게) 웃으셨다.

⑶ 엄마한테 야단맞을 생각을 하니 집으로 향하는 발걸음이 (천근만근, 천하무적)
무겁게 느껴졌다.

동형어

2 밑줄 친 말이 ○보기○와 같은 뜻으로 쓰인 것에 ○표 하세요.

⑴ ○ **보기** ○   눈에 눈물이 맺혔다.

① 하늘에서 눈이 펑펑 내리고 있다.   (   )
② 누나는 울어서 눈이 퉁퉁 부어 있었다.   (   )

⑵ ○ **보기** ○   사람은 다리가 두 개다.

① 그 모델은 팔과 다리가 가늘고 길다.   (   )
② 우리 가족은 자동차로 한강 다리를 건너기로 했다.   (   )

속담

3 다음 내용과 관계있는 속담에 ○표 하세요.

혜지의 언니도 땡땡이치는 가게에서 놀고 싶었으나 엄마한테 혼날까 봐 억지로
학교로 향했다.

⑴ 마른하늘에 날벼락 → 뜻하지 아니한 상황에서 뜻밖에 입는 재난을 이르는 말.

                                                 (   )

⑵ 울며 겨자 먹기 → 맵다고 울면서도 겨자를 먹는다는 뜻으로, 싫은 일을 억지로
마지못하여 함을 비유적으로 이르는 말.   (   )

1 '국적'이란 개인이 한 국가의 구성원이라는 것을 나타내는 자격입니다. 사람은 특정 국가의 국적을 가짐으로써 그 국가의 국민이 되어 그 나라의 보호를 받을 수 있습니다. 하지만 다른 나라에 살고 있다 하더라도 자신이 속한 국가의 국민으로서의 의무를 *이행해야 합니다.

2 그렇다면 국적은 어떻게 정해질까요? 국적은 각 나라마다 정해진 법률에 의해 정해집니다. 그러나 나라마다 기준이 조금씩 다르기 때문에 국적을 놓고 갈등과 충돌이 생기기도 합니다. 국적을 정하는 기준에는 크게 두 가지가 있습니다. 첫 번째로 (㉠   )에 따라 국적이 정해집니다. 이 기준을 따르는 대표적인 나라로는 미국과 영국이 있는데, 미국이나 영국의 *영토에서 태어난 사람은 부모의 국적과 상관없이 무조건 자신이 태어난 국가의 국적을 가집니다. 두 번째로 부모의 국적을 따라 국적이 정해집니다. 우리나라를 비롯한 독일, 일본, 스위스 등의 나라가 이 기준을 따르고 있습니다. 그중에서 대한민국 국적이 정해지는 경우를 살펴보면, 태어날 당시 아버지 또는 어머니가 대한민국 국적을 가진 사람, 태어나기 전에 대한민국 국적을 가진 아버지가 *사망한 사람, 부모가 모두 분명하지 않거나 국적이 없지만 대한민국에서 태어난 사람은 대한민국 국적을 얻을 수 있습니다.

3 정해진 국적을 바꿀 수도 있습니다. 옛날에는 국적을 바꾸는 것이 거의 불가능했습니다. 그러나 1868년, 미국에서 헌법이 *개정되면서 *귀화를 통해 자유롭게 국적을 바꿀 수 있게 되었습니다. 이후에 다른 나라들도 개인의 의사에 따라 자유롭게 국적을 바꿀 수 있도록 하였습니다. 1948년에 발표된 세계 인권 선언에서도 국적을 변경할 자유를 인정하였습니다. 우리나라도 헌법으로 국적을 자유롭게 바꿀 수 있도록 보장하고 있습니다.

▲ 신분이나 국적을 증명하는
문서인 여권

＊이행해야: (사람이 약속이나 의무를) 정한 대로 실제로 행해야.
＊영토: 한 국가의 땅.
＊사망한: 사람이 죽은.
＊개정되면서: 주로 문서의 내용 따위가 바르게 고쳐지면서.
＊귀화: 다른 나라의 국적을 얻어 그 나라의 국민이 되는 일.

1 주제

이 글의 중심 낱말은 무엇인지 쓰세요.

(   )

2 추론

㉠에 들어갈 말로 알맞은 것의 기호를 쓰세요.

> ㉮ 인구수   ㉯ 자연환경
>
> ㉰ 교육 수준   ㉱ 출생 국가

(   )

3 주제

❸문단의 중심 문장을 찾아 쓰세요.

(   )

4 내용 이해

이 글을 읽고 알게 된 내용으로 알맞지 <u>않은</u> 것은 무엇인가요? (   )

① 나라마다 국적을 정하는 기준은 모두 같다.

② 미국에서 태어난 아이는 무조건 미국 국적을 가진다.

③ 요즘에는 개인의 의사에 따라 국적을 자유롭게 바꿀 수 있다.

④ 국적이란 개인이 한 나라의 국민임을 나타내는 자격을 말한다.

⑤ 개인이 특정 국가의 국적을 가지면 그 나라의 보호를 받을 수 있다.

5 다음 낱말과 뜻이 비슷한 낱말을 보기에서 찾아 쓰세요.

어휘·표현

보기				
	수정	국토	표준	생각

(1) 기준: (　　　　　　　　)　　(2) 영토: (　　　　　　　　　)

(3) 의사: (　　　　　　　　)　　(4) 개정: (　　　　　　　　　)

6 이 글을 읽고 더 알아보고 싶은 내용으로 바르지 <u>않은</u> 것의 기호를 쓰세요.

비판

> ㉠ 귀화를 통해 국적을 바꾼 사람이 얼마나 되는지 알아보고 싶다.
> ㉡ 국적 때문에 실제로 어떤 갈등이나 충돌이 생기는지 조사해 보고 싶다.
> ㉢ 우리나라와 같은 방법으로 국적을 정하는 나라는 어디인지 알아보고 싶다.

(　　　　　　　　　)

7 다음 중 자신의 국적을 바르게 말하지 <u>못한</u> 친구는 누구인지 쓰세요.

적용·창의

내가 일본에서 태어났을 때 부모님 모두 대한민국 국적이었기 때문에 나도 대한민국 국적을 얻었어.

채운

나는 영국에서 태어났지만 부모님이 미국 국적이기 때문에 나도 미국 국적을 얻게 됐어.

효주

나는 대한민국에서 태어났어. 그래서 아빠의 국적을 따라 대한민국 국적을 얻었지.

태강

(　　　　　　　　　)

어휘력 강화

낱말의 뜻

1 빈칸에 알맞은 낱말을 보기에서 찾아 쓰세요.

> **보기**
>
> 변경   갈등   보장

(1) 소음 문제로 이웃 간에 (   )이 생겨났다.

(2) 이사를 하고 난 뒤 주소 (   )을 신청했다.

(3) 전자 제품을 살 때에는 무상 수리를 (   )해 주는지 따져 봐야 한다.

고유어

2 보기와 같은 고유어에 해당하는 낱말은 무엇인가요? (   )

> **보기**
>
> 하늘   비빔밥   아버지

① 국민   ② 개인   ③ 나라
④ 보호   ⑤ 자유

속담

3 다음 내용과 관계있는 속담에 ○표 하세요.

> 옛날에는 국적을 바꾸는 것이 거의 불가능했는데 요즘에는 국적을 자유롭게 바꿀 수 있다니, 시간이 지나면 많은 것이 달라지는 것 같다.

(1) 세월이 약 → 아무리 가슴 아프고 속에 맺혔던 일도 시간이 흐르고 나면 자연히 잊게 된다는 말.   (   )

(2) 십 년이면 강산도 변한다 → 세월이 흐르게 되면 모든 것이 다 변하게 됨을 비유적으로 이르는 말.   (   )

한국이 낳은 세계적인 예술가 백남준

1 백남준은 1932년 7월 20일에 서울 종로에서 태어났다. 백남준은 부유한 집안 형편 덕분에 유년 시절 동안 피아노와 작곡 등을 두루 배웠다.

2 1952년, 백남준은 일본 동경 대학에 입학하여 미술과 작곡을 공부한 뒤, 1956년 독일로 건너가 현대 음악을 공부했다. 백남준은 독일에서 존 케이지라는 사람을 만나면서 예술 세계에 큰 변화를 갖게 되어 공연 중에 바이올린을 부수는 등 실험적인 공연을 하기 시작했다. 또한 백남준은 이때부터 텔레비전과 같은 비디오를 이용한 예술에 관심을 가졌다. 1963년에 열린 첫 개인 전시회에서 백남준이 세계 최초로 선보인 비디오 예술은 영상을 예술로 끌어올렸다는 점에서 세계의 ㉠<u>주목을 받았다.</u> 이후 백남준은 다양한 비디오 예술을 선보였다.

3 백남준의 대표작으로는 인공위성을 활용한 위성 중계 작품인 「굿모닝 미스터 오웰」, 「바이 바이 키플링」, 「손에 손잡고」가 있다. 인공위성을 통해 전 세계에 자신의 작품을 동시에 보여 주었다니 정말 대단하다. 1988년 서울 올림픽을 기념하여 텔레비전 여러 대를 이어 만든 「다다익선」도 백남준의 대표작으로 손꼽힌다.

4 백남준이 사람들에게 높게 평가받는 이유는 기존의 예술을 *거부하고 매체와 인간이 어떻게 *공존해야 할지 상상하고 이를 예술로 표현했다는 점에 있다. 백남준은 다른 예술가들과는 다르게 새로운 예술을 선보이기 위해 전자 회로를 공부하거나 기술자들과 직접 *협업할 정도로 매체 활용에 적극적이었다. 또한, 컴퓨터와 각종 과학 기술까지 동원한 *미디어 아트에도 큰 영향을 미쳤다. 이 때문에 미디어 아트에 대하여 이야기할 때에도 백남준을 빼놓기는 힘들 정도이며, 세계 유명 미술관에 백남준의 작품이 전시·소개되고 있다.

5 백남준은 1996년에 뇌졸중으로 쓰러져 몸의 왼쪽이 마비된 상태에서도 왕성하게 작품 활동을 하였다. 그러다가 2006년 1월 29일, 미국에서 74세의 나이로 우리 곁을 떠났다.

---

*거부하고: 요구나 제의 따위를 받아들이지 않고 물리치고.
*공존해야: 서로 도와서 함께 존재해야.
*협업할: 많은 사람들이 힘을 합해서 할.
*미디어 아트: 대중매체를 미술에 도입한 것.

1

백남준이 한 일이 <u>아닌</u> 것은 무엇인가요? (　　　)

① 인공위성 개발에 온 힘을 쏟았다.

② 세계 최초로 비디오 예술을 선보였다.

③ 동경 대학에서 미술과 작곡을 공부하였다.

④ 인공위성을 활용한 예술 작품을 발표했다.

⑤ 유년 시절에 피아노와 작곡을 공부하였다.

2

㉠'주목을 받았다.'의 뜻으로 알맞지 <u>않은</u> 것은 무엇인가요? (　　　)

① 관심을 받았다.　　　　　② 시선을 끌었다.

③ 경고를 받았다.　　　　　④ 흥미를 불러일으켰다.

⑤ 주의를 집중시켰다.

3

❹문단의 중심 내용은 무엇인가요? (　　　)

① 백남준의 죽음　　　　　② 백남준의 유학 시절

③ 백남준에 대한 평가　　　④ 백남준의 대표작 소개

⑤ 백남준의 출생과 집안 환경

4

다음 중 글쓴이의 생각이 드러난 문장에 ○표 하세요.

(1) 백남준은 1932년 7월 20일에 서울 종로에서 태어났다.　　　　　(　　　)

(2) 세계 유명 미술관에 백남준의 작품이 전시·소개되고 있다.　　　(　　　)

(3) 인공위성을 통해 전 세계에 자신의 작품을 동시에 보여 주었다니 정말 대단하다.

　　　　　　　　　　　　　　　　　　　　　　　　　　　　　(　　　)

5 다음 중 백남준의 작품 「다다익선」을 찾아 ○표 하세요.

추론

(1)

(   )

(2)

(   )

(3)

(   )

6 이 글을 읽고 백남준에 대하여 바르게 말하지 <u>못한</u> 친구는 누구인지 쓰세요.

비판

> 소미: 기존의 예술을 거부하고 매체를 활용한 예술을 선보인 것으로 보아, 생각이 무척 자유로웠던 것 같아.
>
> 진규: 몸의 왼쪽이 마비된 상태에서도 왕성하게 작품 활동을 한 것으로 보아, 예술에 대한 집념이 강했던 것 같아.
>
> 태영: 인공위성이나 텔레비전 등을 활용하여 작품을 만든 것으로 보아, 예술보다 과학에 더 관심이 많았던 것 같아.

(   )

7 다음 중 백남준을 표현한 말로 알맞지 <u>않은</u> 것의 기호를 쓰세요.

적용·창의

> ㉮ 비디오 아트의 창시자
>
> ㉯ 한국의 대표적 비디오 아티스트
>
> ㉰ 자연과 인간의 공존을 중시한 아티스트

(   )

어휘력 강화

낱말의 뜻

1 다음 문장에 알맞은 낱말을 ( ) 안에서 골라 ○표 하세요.

(1) 이 배우는 요즘 (듬성한, 왕성한) 작품 활동을 하고 있다.

(2) 아빠는 (보유한, 부유한) 가정에서 어려움 없이 자랐다고 한다.

(3) 한옥 마을은 과거와 현재의 (공존, 공중)을 보여 주고 있는 것 같다.

띄어쓰기

2 밑줄 친 부분을 바르게 띄어 쓰세요.

나는 <u>축구, 야구등과 같이</u> 공을 가지고 하는 운동을 좋아한다.

(   )

관용어

3 빈칸에 들어갈 알맞은 관용어에 ○표 하세요.

백남준은 기존의 예술을 거부하고 매체를 이용한 실험적이고 창의적인 예술을 선보여 미술계에 새로운   .

(1) 바람을 잡았다 → 허황된 짓을 꾀하거나 그것을 부추긴다는 뜻.   (   )

(2) 바람을 일으켰다 → 사회적으로 많은 사람에게 영향을 미친다는 뜻.   (   )

(3) 바람을 쐬었다 → 기분 전환을 위하여 바깥이나 딴 곳을 거닐거나 다닌다는 뜻.

(   )

봄에는 *일교차가 매우 심합니다. 이때 우리 몸이 적응하지 못하면 면역력이 낮아져 질병에 걸리기 쉽습니다. 면역력은 우리 몸에 침입하는 곰팡이, 세균, 바이러스 등의 해로운 물질을 제거하고 신체 기능을 유지하는 역할을 하는데, 면역력이 낮아지면 우리 몸이 스스로를 보호하지 못하게 됩니다. 질병을 예방하고 건강하게 지내기 위해 우리 몸의 면역력을 높여야 합니다. 면역력을 높이기 위해 우리가 해야 할 일을 알아보고 일상생활에서 실천하여 봅시다.

첫째, 영양분을 충분히 섭취합니다. 우리 몸에 각종 영양소가 부족하면 면역력이 낮아집니다. 영양소 중에서 특히 비타민 C를 꾸준히 섭취하는 것이 좋습니다. 비타민 C는 세균 및 바이러스로부터 몸을 보호해 주는 영양소입니다.

둘째, ㉠규칙적인 운동을 합니다. 운동을 규칙적으로 하면 신체 기능이 더욱 활발해지고 면역력도 높아집니다. 적어도 일주일에 서너 번, 한 번에 1시간 정도 운동을 하는 것이 좋습니다.

셋째, 잠을 충분히 잡니다. 잠이 부족하면 감기나 독감 등의 질병에 걸릴 위험이 높아집니다. 잠을 충분히 자고 나면 그동안 쌓인 피로가 풀리고 면역력도 높아지기 때문에 밤에 잠을 충분히 자야 합니다. 어른의 경우 8시간, 초등학생의 경우 8~10시간 정도 잠을 자는 것이 좋습니다.

넷째, 따뜻한 물을 자주 마십니다. 찬물을 마시면 체온이 떨어지고 혈액 *순환이 잘 안 되며 소화기 기능까지도 약해져 면역력을 높이는 데 도움이 되지 않습니다.

다섯째, 스트레스를 줄입니다. 우리는 일상생활을 하면서 크고 작은 스트레스를 받게 되는데, 스트레스가 쌓이면 면역력도 떨어집니다. 따라서 좋아하는 취미 활동이나 운동 등을 통해서 스트레스를 풀어야 합니다. 또한 밝고 건강한 마음가짐을 가지는 것도 면역력을 높이는 데 도움이 됩니다.

우리 몸은 아주 작은 자극에도 반응할 수 있기 때문에 건강을 잘 관리해야 합니다. 한번 건강을 잃으면 ㉡굴복하기 어려울 수도 있습니다. 그러므로 평소에 면역력을 높이는 생활을 습관화하여 건강을 지키도록 합시다.

---

*일교차: 기온, 습도, 기압 따위가 하루 동안에 변화하는 차이.
*순환: 주기적으로 자꾸 되풀이하여 돎. 또는 그런 과정.

1
주제

이 글에서 가장 중요한 낱말은 무엇인가요? (   )

① 질병   ② 건강

③ 계절   ④ 면역력

⑤ 영양분

2
주제

글쓴이가 주장하는 내용은 무엇인가요? (   )

① 면역력을 높여야 한다.   ② 좋은 영양제를 먹어야 한다.

③ 아침마다 운동을 해야 한다.   ④ 균형 잡힌 식사를 해야 한다.

⑤ 일찍 자고 일찍 일어나야 한다.

3
내용 이해

이 글에서 글쓴이의 주장을 뒷받침하는 근거가 <u>아닌</u> 것은 무엇인가요? (   )

① 잠을 충분히 잔다.   ② 스트레스를 줄인다.

③ 따뜻한 물을 마신다.   ④ 적절한 체중을 유지한다.

⑤ 영양분을 충분히 섭취한다.

4
비판

㉠의 적절성을 바르게 평가한 것에 ◯표 하세요.

(1) 운동의 효과는 개인마다 다를 수 있으므로 ㉠은 근거로 적절하다.   (   )

(2) 규칙적으로 운동을 하면 체력이 향상되기 때문에 ㉠은 근거로 적절하다.

(   )

(3) 갑자기 운동을 하면 몸에 무리가 갈 수 있으므로 ㉠은 근거로 적절하지 않다.

(   )

5 추론

따뜻한 물을 자주 마시면 좋은 까닭으로 볼 수 <u>없는</u> 것은 무엇인가요? (   )

① 체온이 올라가기 때문에

② 혈액 순환이 잘 되기 때문에

③ 소화기 기능이 좋아지기 때문에

④ 면역력을 높이는 데 도움이 되기 때문에

⑤ 몸무게를 줄이는 데 도움이 되기 때문에

6 어휘·표현

ⓒ'굴복하기'를 바르게 고쳐 쓴 것은 무엇인가요? (   )

① 반복하기   ② 잠복하기   ③ 항복하기
④ 중복하기   ⑤ 회복하기

7 적용·창의

이 글을 읽고, 면역력을 높이기 위해 바르게 행동하지 <u>못한</u> 친구는 누구인지 쓰세요.

오랫동안 낮잠을 잤어. 주혁

비타민 C가 들어간 과일을 많이 먹었어. 다혜

피아노를 쳐서 스트레스를 풀었어. 태강

(   )

어휘력 강화

낱말의 뜻

1 빈칸에 알맞은 낱말을 ○보기○에서 찾아 쓰세요.

○보기○	섭취	유지	적응

(1) 음식물을 골고루 (　　　　　)하는 것이 건강에 좋다.

(2) 안전거리를 (　　　　　)하지 않으면 사고가 일어날 수 있다.

(3) 나는 전학한 학교에서의 생활에 (　　　　　)하려고 노력했다.

비슷한말

2 뜻이 비슷한 낱말끼리 짝 지어지지 <u>않은</u> 것은 무엇인가요? (　　　　)

① 해롭다 – 이롭다
② 예방하다 – 막다
③ 침입하다 – 침범하다
④ 보호하다 – 지키다
⑤ 부족하다 – 모자라다

속담

3 다음 내용과 관계있는 속담에 ○표 하세요.

> 건강을 잃고 난 뒤에는 후회해도 소용이 없다.

(1) 등잔 밑이 어둡다 → 대상에서 가까이 있는 사람이 도리어 대상에 대하여 잘 알기 어렵다는 말.　　　　　　　　　　　　　　（　　　）

(2) 공든 탑이 무너지랴 → 공들여 쌓은 탑은 무너질 리 없다는 뜻으로, 힘을 다하고 정성을 다하여 한 일은 그 결과가 반드시 헛되지 아니함을 비유적으로 이르는 말.　　　　　　　　　　　　　　（　　　）

(3) 소 잃고 외양간 고친다 → 소를 도둑맞은 다음에서야 빈 외양간의 허물어진 데를 고치느라 수선을 떤다는 뜻으로, 일이 이미 잘못된 뒤에는 손을 써도 소용이 없음을 비꼬는 말.　　　　　　　　　　　　　　（　　　）

가

　⊙엔니오 모리코네는 1928년 11월 10일, 이탈리아 로마에서 태어났다. 그는 트럼펫 연주자였던 아버지의 영향으로 어려서부터 음악을 가까이하며 자랐다. 아버지에게서 악보 보는 법을 배우며 작곡에 재능을 보였던 ⓛ그는 11세의 어린 나이에 이탈리아의 명문 음악 학교인 산타 체칠리아 국립 음악원에 입학하였고, 그곳에서 트럼펫과 작곡, 합창 지휘 등을 공부하면서 *탁월한 음악적 재능을 인정받았다.

　엔니오 모리코네가 처음부터 ⟨　　⟡　　⟩ 아니었다. 학교를 졸업한 뒤, 클래식 작곡가의 길을 꿈꾸었던 그는 *생활고에 시달리게 되자 돈을 벌기 위해 이탈리아 국립 라디오 방송국에서 일했다. 이때부터 라디오와 텔레비전 프로그램에 들어가는 음악은 물론 이탈리아의 가수들이 부르는 노래 등 클래식 음악이 아닌 다른 음악을 만들기 시작했다. 그러다 1961년에 「파시스트」라는 영화의 음악 작업을 맡게 되면서 본격적으로 영화 음악 작곡가로서 활동하였다. ⓒ처음에는 '레오 니콜스', '댄 사비오' 등의 *가명으로 활동을 하였지만, 영화 「황야의 무법자」에 삽입된 음악으로 *명성을 떨친 1964년부터는 자신의 이름인 '엔니오 모리코네'로 활동을 하였다.

　이후 엔니오 모리코네는 전 세계의 수많은 영화 음악을 만들어 내는 데 몰두하였다. 엔니오 모리코네의 음악은 비교적 쉽고 단순하면서도 멜로디가 서정적이고 아름답다. 또한 전통적인 작곡 방식을 과감히 버리고 휘파람 소리를 비롯한 하모니카, 트럼펫, 각종 현악기, 전자 악기 등을 사용하여 색다르면서도 독창적이다. 그의 영화 음악을 대표하는 것으로는 영화 「황야의 무법자」에 삽입된 휘파람 연주와 영화 「원스 어폰 어 타임 인 아메리카」의 플루트 연주가 있다.

　이 밖에도 그는 「천국의 나날들」, 「석양의 무법자」, 「언터처블」, 「시네마 천국」, 「시티 오브 조이」, 「러브 어페어」, 「미션」 등 500여 편이 넘는 영화 음악과 100여 곡에 달하는 클래식 음악을 작곡했다. ⓔ그는 영화 속에서 음악이 차지하는 비중을 한층 끌어올려 영화 음악 작곡가의 *지위를 높이는

● 지문의 난이도
상　중　하

● 문제의 난이도
상　중　하

낱말 뜻

* 탁월한: 남보다 두드러지게 뛰어난.
* 생활고: 가난 때문에 생활에서 느끼는 고통.
* 가명: 실제의 자기 이름이 아닌 이름.
* 명성: 세상에 널리 퍼져 평판 높은 이름.
* 지위: 개인의 사회적 신분에 따르는 위치나 자리.

데 크게 *기여하였다. 이 때문에 영화 음악 작곡가를 뛰어넘어 가장 주목받는 현대 음악 작곡가로 사람들에게 평가받고 있다.

엔니오 모리코네는 2020년 7월 6일 92세의 나이로 숨을 거뒀다. 그의 죽음이 전해지자, 전 세계의 수많은 사람이 음악과 영화의 역사에 큰 발자취를 남긴 *거장의 죽음을 아쉬워했다.

▲ 엔니오 모리코네

나

어린아이는 주변 사람들의 작은 행동 하나하나를 똑같이 따라 하는 경우가 많다. 이처럼 어린아이가 금세 다른 사람들의 행동을 보고 따라 할 수 있는 이유는 바로 뇌 속에 '거울 *신경'이라는 신경 세포가 있기 때문이다. 거울 신경에 대해 자세히 알아보자.

거울 신경은 이탈리아의 신경 심리학자 리촐라티 교수와 그의 연구팀이 처음 ㉠발명하였다. 연구팀은 한 원숭이가 다른 원숭이나 주변에 있는 사람의 행동을 보고만 있어도 원숭이 자신이 움직일 때와 똑같이 신경 세포들이 *반응한다는 사실을 알아냈다. 연구팀은 이 실험을 사람에게도 해 보았다. 실험 참가자들은 다른 사람의 손동작이나 표정을 보고만 있을 때에도 자신이 움직이고 표정을 지을 때와 똑같이 뇌에 있는 신경 세포가 반응하였다. 다시 말해 어떤 행동을 직접 할 때와 같은 행동을 하는 사람을 보고만 있을 때에도 신경 세포가 같은 반응을 한 것이다. 리촐라티 교수는 이러한 실험 결과를 바탕으로 이 신경 세포에 '거울 신경'이라는 이름을 붙였다. 거울 신경은 다른 사람의 행동을 거울처럼 따라 한다고 해서 붙여진 이름으로, 쉽게 말하면 따라 하는 역할을 하는 신경 세포라고 할 수 있다.

거울 신경은 다른 사람의 행동을 따라 하는 것에 그치지 않고 마음 상태나 감정을 느끼는 것에도 *관여한다. 쓰레기 냄새를 맡으며 *역겨워하는 장면을 보고 실제로 구토할 것 같은 기분을 느낀다거나 신나는 음악을 들으면 자신도 모르게 어깨를 들썩이는 것도 바로 이 거울 신경 때문이다.

거울 신경은 학습에도 매우 중요한 역할을 한다. 우리가 선생님을 따라 하면서 언어나 춤을 배울 수 있는 것도 거울 신경이 관여하기 때문이다.

낱말 뜻

* 기여하였다: 도움이 되도록 이바지하였다.
* 거장: 예술, 과학 따위의 어느 일정 분야에서 특히 뛰어난 사람.
* 신경: 동물이나 사람의 몸에서 외부의 자극을 감지하고 이에 대처하는 가는 실 모양의 기관.
* 반응한다는: 자극에 대응하여 어떤 현상이 일어난다는.
* 관여한다: 어떤 일에 관계하여 참여한다.
* 역겨워하는: 맛이나 냄새 등이 매우 나쁘고 싫어 토할 것처럼 메스꺼워하는.

1

내용 이해

글 **가**에서 엔니오 모리코네가 한 일의 순서대로 번호를 쓰세요.

(1) 아버지에게 악보 보는 법을 배웠다. ( )

(2) 산타 체칠리아 국립 음악원에 입학하였다. ( )

(3) 이탈리아 국립 라디오 방송국에서 일했다. ( )

(4) 전 세계의 수많은 영화 음악을 만드는 데 몰두하였다. ( )

(5) 영화 「황야의 무법자」에 삽입된 음악으로 명성을 떨쳤다. ( )

2

추론

글 **가**의 ㉮에 들어갈 가장 알맞은 말은 무엇인가요? ( )

① 영화를 감상한 것은

② 영화 음악을 작곡한 것은

③ 이탈리아에서 살았던 것은

④ 본명 대신 가명을 사용한 것은

⑤ 트럼펫과 작곡, 합창 지휘를 공부한 것은

3

내용 이해

글 **가**의 ㉠~㉣ 중 인물에 대한 글쓴이의 의견이나 평가가 드러나 있는 부분의 기호를 쓰세요.

( )

4

짜임

글 **가**처럼 시간 순서에 따라 글을 쓰기에 알맞지 <u>않은</u> 것에 ×표 하세요.

(1) 떡볶이를 만드는 과정 ( )

(2) 겨울잠을 자는 동물의 종류 ( )

(3) 색종이로 개구리를 접는 방법 ( )

5

어휘·표현

글 **나**의 ㉠을 바르게 고쳐 쓰세요.

( )

6

내용 이해

글 **나**를 읽고 거울 신경에 대해 바르게 정리하지 <u>못한</u> 것은 무엇인가요? ( )

① 원숭이의 몸속에도 거울 신경이 있다.

② 감정을 느낄 때에도 거울 신경이 관여한다.

③ 거울 신경은 따라 하는 역할을 하는 신경 세포이다.

④ 어린아이가 주변 사람들을 따라 하는 것은 거울 신경 때문이다.

⑤ 어떤 행동을 직접 할 때와 같은 행동을 하는 사람을 보고만 있을 때에는 거울 신경이 다른 반응을 한다.

7

주제

다음 조건 에 맞게 글 **가**와 **나**에 어울리는 제목을 각각 붙이세요.

조건

• 글 **가**와 **나**의 중심 낱말을 넣어 제목을 붙일 것

• 글 **가**와 **나**의 중요한 내용이 잘 드러나게 제목을 붙일 것

⑴ 글 **가**: ( )

⑵ 글 **나**: ( )

8

비판

글 **가**와 **나**를 읽고 자신의 생각을 바르게 말하지 <u>못한</u> 친구는 누구인지 쓰세요.

영석: 엔니오 모리코네의 음악을 듣고 많은 사람이 감동을 받는 것은 거울 신경의 공감 능력과 관련이 깊어.

세윤: 영화 「황야의 무법자」를 보며 휘파람 연주를 따라 하는 것은 남의 행동을 따라 하는 거울 신경과 관련이 있어.

태경: 작곡에 재능을 보였던 엔니오 모리코네가 산타 체칠리아 국립 음악원에 입학한 것은 거울 신경이 작용했기 때문이야.

( )

	❷			❸	❹
❶					
			❺		
					❾
❼		❻			
❽					

가로 →

❶ 어떤 조직이나 단체를 이루고 있는 사람.

❸ 눈이 가는 길. 또는 눈의 방향.

❺ 확실히 그렇다고 여김. ㉠ 국적을 변경할 자유를 ○○하였다.

❻ 개인의 사회적 신분에 따르는 위치나 자리. ㉠ ○○가 높은 관리.

❽ 세상에 널리 퍼져 평판 높은 이름. ㉠ ○○을 떨치다.

세로 ↓

❷ 한창 성하다.

❹ 국가나 단체, 개인이 주장이나 방침, 입장 등을 공식적으로 널리 알림. ㉠ 세계 인권 ○○

❺ 지구와 같은 행성 둘레를 돌면서 관찰할 수 있도록 로켓을 이용하여 쏘아 올린 물체.

❼ 실제의 자기 이름이 아닌 이름.

❾ 서로 생각이 달라 부딪치는 것.

정답 및 해설 16쪽에서 확인하세요.

같은 슬리퍼끼리 짝 지어 주세요. 그리고 빈칸에 짝이 <u>없는</u> 슬리퍼 하나의
번호를 쓰세요.

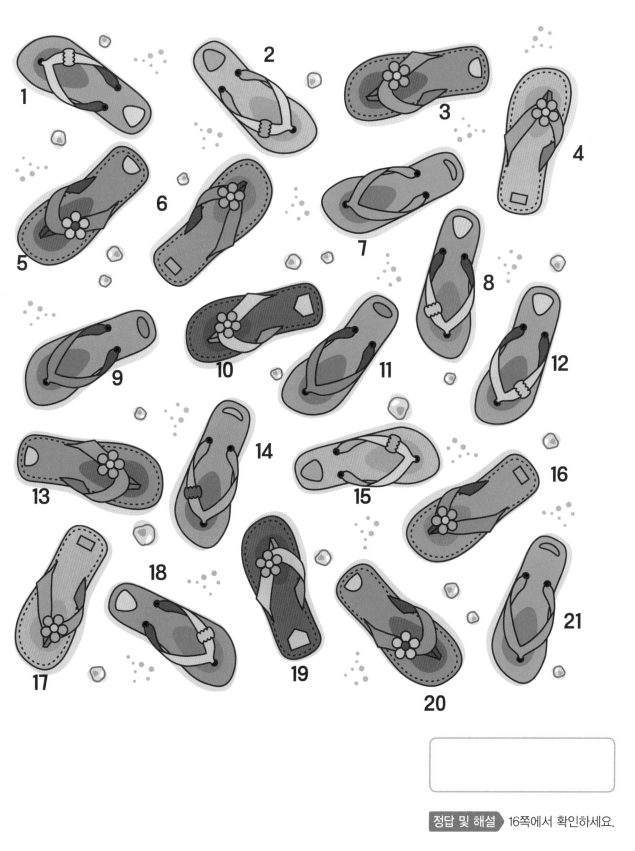

정답 및 해설 16쪽에서 확인하세요.

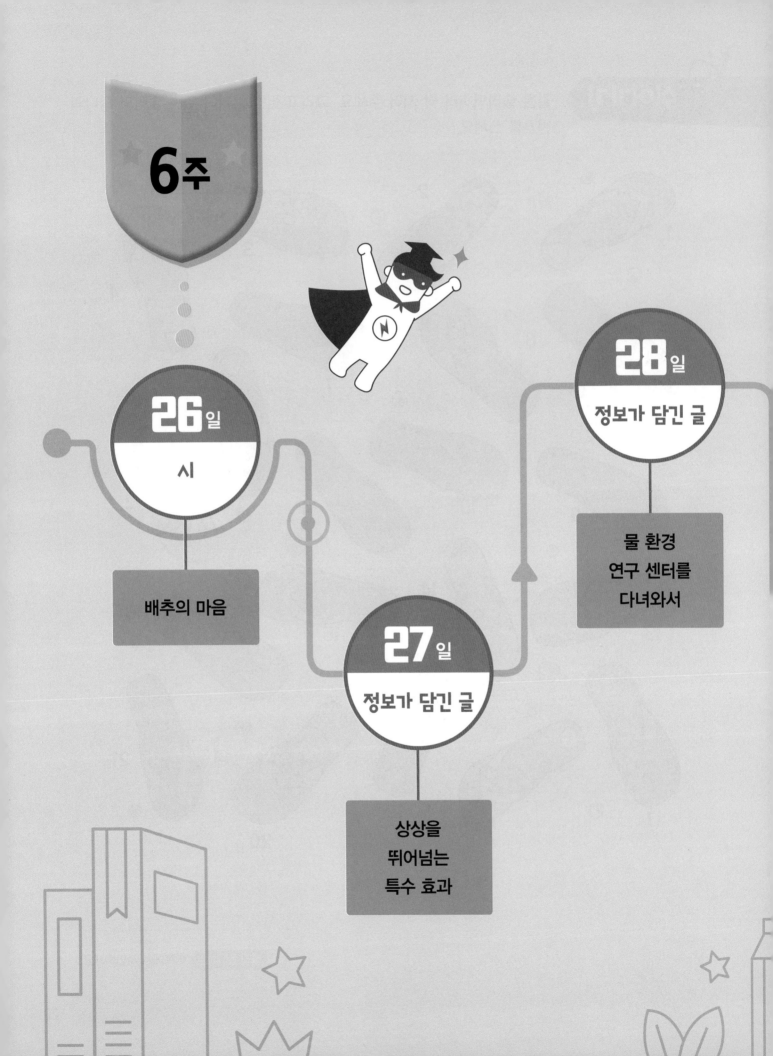

6주

26일
시

배추의 마음

27일
정보가 담긴 글

상상을
뛰어넘는
특수 효과

28일
정보가 담긴 글

물 환경
연구 센터를
다녀와서

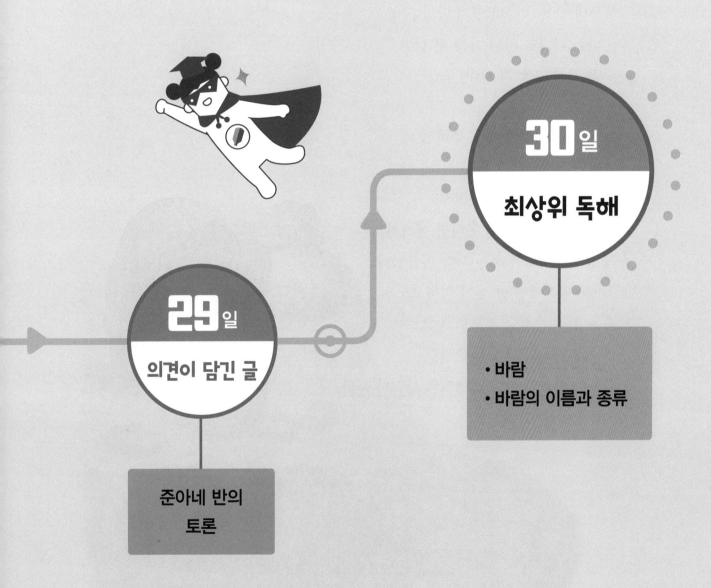

30일

최상위 독해

· 바람
· 바람의 이름과 종류

29일

의견이 담긴 글

준아네 반의
토론

배추의 마음

나희덕

배추에게도 마음이 있나 보다.

㉮
씨앗 뿌리고 농약 없이 키우려니

하도 자라지 않아

가을이 되어도 *헛일일 것 같더니

여름내 *밭둑 지나며 잊지 않았던 말

– 나는 너희로 하여 기쁠 것 같아.

– 잘 자라 기쁠 것 같아.

늦가을 배추 포기 묶어 주며 보니

그래도 튼실하게 자라 속이 꽤 찼다.

㉯
– 혹시 배추벌레 한 마리

이 속에 갇혀 나오지 못하면 어떡하지?

꼭 동여매지도 못하는 사람 마음이나

㉠배추벌레에게 반 넘어 먹히고도

속은 점점 *순결한 잎으로 차오르는

배추의 마음이 뭐가 다를까?

㉡배추 풀물이 사람 소매에도 들었나 보다.

*헛일: 보람을 얻지 못하고 쓸데없이 한 노력.

*밭둑: 밭과 밭 사이의 경계를 이루고 있거나 밭가에 둘려 있는 둑.

*순결한: 잡된 것이 섞이지 아니하고 깨끗한.

1
주제

이 시의 중심 글감은 무엇인가요? (   )

① 배추   ② 씨앗   ③ 농약
④ 밭둑   ⑤ 배추벌레

2
내용 이해

'내'가 배추에게도 마음이 있는 것 같다고 생각한 까닭으로 알맞은 것에 ○표 하세요.

(1) 늦가을이 되어도 잘 자라지 않아서   (   )

(2) 속에 갇힌 배추벌레를 못 나오게 하는 것 같아서   (   )

(3) '나'의 마음을 아는 것처럼 튼실하게 자라 주어서   (   )

3
추론

㉠에 드러난 배추의 마음을 표현하기에 알맞은 낱말은 무엇인가요? (   )

① 희생   ② 혼란   ③ 후회
④ 원망   ⑤ 그리움

4
추론

㉡'배추 풀물이 사람 소매에도 들었나 보다.'의 뜻은 무엇인가요? (   )

① 배추를 먹고 싶다.
② 농사를 열심히 지었다.
③ 농약 없이 배추를 길렀다.
④ 배추와 사람이 하나가 되었다.
⑤ 배추 농사를 편하게 짓고 싶다.

이 시의 분위기는 어떠한가요? (　　　)

① 우울하다. ② 불안하다.

③ 따뜻하다. ④ 안타깝다.

⑤ 소란스럽다.

6

주제

이 시의 주제로 알맞은 것에 ○표 하세요.

(1) 고향에 대한 그리움 (　　)

(2) 전통을 따르고 싶은 마음 (　　)

(3) 자연에서 살고 싶은 소망 (　　)

(4) 생명을 소중히 여기는 마음 (　　)

7

감상

이 시에서 인상 깊은 부분과 그 까닭을 바르게 말한 친구는 누구인지 쓰세요.

> 찬유: 배추에 농약을 주지 않아 후회하는 '나'의 마음이 잘 드러나는 ㉮ 부분이 인상 깊어.
>
> 세준: 작은 생명도 소중히 여기는 '나'의 마음이 잘 드러나는 ㉯ 부분이 인상 깊게 느껴져.

(　　　　　　)

어휘력 강화

낱말의 뜻

1 다음 문장에 알맞은 낱말을 ( ) 안에서 골라 ○표 하세요.

⑴ 설악산에 단풍이 (들어, 심어) 울긋불긋하다.

⑵ 할머니께서 배추 백 (더미, 포기)로 김장을 하셨다.

⑶ 태풍 때문에 애써 지은 농사가 (헛일, 헛발질)이 되었다.

피동 표현

2 ○보기○처럼 밑줄 친 부분을 문장에 맞게 바꿔 쓰세요.

> ○ 보기 ○
>
> 배추벌레가 배춧잎을 <u>먹었다</u>.
> → 배춧잎이 배추벌레에게 <u>먹혔다</u>.

• 경찰이 도둑을 <u>잡았다</u>.
   → 도둑이 경찰에게 (   ).

사자성어

3 다음 내용과 관계있는 사자성어에 ○표 하세요.

> 이 시에 나오는 배추와 사람은 서로 마음이 통하는 것 같다.

⑴ 물아일체(物我一體) → 사물과 자신이 하나가 됨.   (   )

⑵ 견물생심(見物生心) → 어떠한 실물을 보게 되면 그것을 가지고 싶은 욕심이 생김.

                                                                    (   )

상상을 뛰어넘는 특수 효과

1 영화에서 핵폭탄이 폭발하는 장면, 거대한 공룡이 나타나는 장면, 수만 명의 병사들이 싸우는 장면 등은 어떻게 촬영한 것일까요? 이런 장면들은 모두 특수 효과를 이용하여 촬영한 것입니다.

2 특수 효과란 영화나 드라마 등에 사용된 *첨단 기술이나 그 기술로 만들어 낸 이미지를 말합니다. 특수 효과는 일반적인 방법으로 원하는 장면을 촬영할 수 없을 때, 실제 촬영하기에는 너무 많은 비용이 들 때, 위험한 장면을 ㉠찍을 때 등에 사용됩니다. 예를 들어, 폭발하는 장면을 촬영할 때에는 실제 화약을 폭발시키는 것보다 특수 효과를 이용하여 폭발 장면을 만들어 내는 것이 훨씬 　㉡　.

3 특수 효과에는 여러 가지가 있습니다. 그중에서 최근에 빠르게 발전한 분야는 컴퓨터 그래픽입니다. 컴퓨터 그래픽은 장면을 *입체적으로 표현할 수 있고, 사람의 눈으로 확인할 수 없는 우주의 모습이나 상상 속 세계도 표현할 수 있습니다. 우리가 보는 3D 입체 영화도 컴퓨터 그래픽을 사용하여 만든 것입니다.

4 미니어처를 이용하여 영상을 만들기도 합니다. 미니어처는 인물, 건물, 동물 등을 실제와 크기가 같거나 작게 만든 모형을 말합니다. 건물의 화재 장면, 비행기가 폭발하는 장면 등 실제 촬영하기 어려운 장면을 촬영할 때에 미니어처를 이용합니다.

5 애니메트로닉스도 있습니다. 애니메트로닉스는 로봇을 사용하여 촬영하는 기술입니다. 실제 캐릭터와 같은 모양의 로봇을 만들고 이를 *원격으로 조정하여 미세한 동작까지 표현하는 기술로, 컴퓨터 그래픽보다 실감 납니다. 존재하지 않는 생물을 표현할 때, 실제 배우나 동물이 연기하기에는 너무 위험할 때 등에 이 기술이 이용됩니다.

6 요즈음에는 영화나 드라마 등을 찍을 때 장면을 더 *생동감 있게 표현하고, 보는 사람들의 즐거움과 재미를 더하기 위해서 다양한 특수 효과가 사용되고 있습니다. 그리고 그 기술도 날이 갈수록 향상되고 있습니다.

＊첨단: 시대나 학문, 유행 등의 가장 앞서는 자리.
＊입체적: 삼차원의 공간적 부피를 가진 물체를 보는 것과 같은 느낌을 주는 것.
＊원격: 멀리 떨어져 있음.
＊생동감: 생기 있게 살아 움직이는 듯한 느낌.

1

주제

이 글의 중심 글감은 무엇인가요? (   )

① 재난 　　　　　② 영화 　　　　　③ 로봇

④ 특수 효과 　　　⑤ 컴퓨터 그래픽

2

내용 이해

특수 효과는 언제 사용되는지 **2**문단에서 찾아 쓰세요.

_____

_____

3

어휘·표현

밑줄 친 낱말 중 ㉠과 같은 뜻으로 사용된 것은 무엇인가요? (   )

① 도끼로 나무를 <u>찍었다</u>.

② 서류에 도장을 <u>찍었다</u>.

③ 눈에 발자국을 <u>찍었다</u>.

④ 고기를 소금에 <u>찍어</u> 먹었다.

⑤ 졸업 기념으로 친구들과 사진을 <u>찍었다</u>.

4

추론

㉡에 들어갈 알맞은 말은 무엇인가요? (   )

① 시시합니다 　　　　② 안전합니다

③ 위험합니다 　　　　④ 실감 납니다

⑤ 부드럽습니다

5 이 글에서 설명한 내용을 바르게 정리하지 <u>못한</u> 것은 무엇인가요? (　　　)

내용 이해

① 건물의 화재 장면은 로봇을 사용하여 촬영한다.

② 3D 입체 영화도 특수 효과를 이용하여 만든 것이다.

③ 컴퓨터 그래픽 분야는 최근 들어 빠른 속도로 발전하였다.

④ 컴퓨터 그래픽보다 애니메트로닉스로 촬영한 영상이 더 실감 난다.

⑤ 영화에서 거대한 공룡이 나타나는 장면은 특수 효과를 이용하여 촬영한 것이다.

6 이 글의 중요한 내용을 바르게 간추린 것의 기호를 쓰세요.

짜임

> ㉮ 특수 효과 기술은 날이 갈수록 계속 향상되고 있다.
>
> ㉯ 핵폭탄이 폭발하는 장면 등은 모두 특수 효과를 이용하여 촬영한 것으로, 보는 사람들에게 즐거움과 재미를 더해 준다.
>
> ㉰ 특수 효과는 영화나 드라마 등에 사용된 첨단 기술이나 그 기술로 만들어 낸 이미지로, 컴퓨터 그래픽, 미니어처, 애니메트로닉스가 있다.

(　　　　　　　)

7 이 글을 읽고 다음과 같은 장면을 촬영하는 방법에 대해 바르게 말한 것에 ○표 하세요.

적용·창의

(1) 비행기를 미니어처로 만들어 촬영한다.
(　　)

(2) 실제로 비행기를 만들어 추락시키면서 촬영한다.
(　　)

어휘력 강화

낱말의 뜻

1 빈칸에 알맞은 낱말을 ○보기○에서 찾아 쓰세요.

> ○ 보기 ○　　　　　　　　　첨단　　　원격　　　실감

(1) 아직도 내가 우승을 했다는 게 (　　　　)이 안 난다.

(2) 우리나라의 미래를 위해 (　　　　) 과학 기술을 발전시켜야 한다.

(3) 학교 홈페이지에서 제공하는 동영상을 통해 (　　　　) 수업을 들었다.

비슷한말

2 뜻이 비슷한 낱말끼리 짝 지어지지 <u>않은</u> 것은 무엇인가요? (　　　)

① 분야 – 영역　　　　　　　　　② 거대하다 – 많다

③ 어렵다 – 힘들다　　　　　　　④ 폭발하다 – 터지다

⑤ 위험하다 – 위태롭다

사자성어

3 다음 내용과 관계있는 사자성어에 ○표 하세요.

> 특수 효과 기술은 날이 갈수록 향상되고 있다.

(1) 일취월장(日就月將) → 나날이 다달이 자라거나 발전함.　　　　　　　(　　　)

(2) 다사다난(多事多難) → 여러 가지 일도 많고 어려움이나 탈도 많음.　　(　　　)

견학 장소	물 환경 연구 센터
견학 날짜	20○○년 6월 19일
견학 목적	물에 대한 깊이 있는 정보를 얻기 위해
보고 들은 것	• 국제 연합 환경 계획(UNEP)이 발표한 환경 보고서에 따르면 현재 전 세계 인구의 $\frac{1}{3}$이 물 부족 문제를 겪고 있으며, 2025년에는 전 세계 인구의 $\frac{2}{3}$ 정도가 물 부족에 시달릴 것으로 예측된다. • 지구 표면의 약 70퍼센트가 물로 덮여 있지만 그중 약 97퍼센트는 직접 사용할 수 없는 바닷물이고, 우리가 생활하는 데 필요한 물인 ⊙민물은 약 3퍼센트 정도이다. 그중에서도 북극 빙하처럼 사용할 수 없는 물을 제외하면 우리가 생활에서 실제 쓸 수 있는 물은 1퍼센트 미만으로 아주 적다. • ⓛ기후 변화로 인한 가뭄, 대도시에 집중된 인구의 물 소비량 증가, 산업 발달로 인한 수질 오염 등으로 물 부족 문제가 더 심해지고 있다. • 물 부족 문제를 해결하기 위해 국가적으로 댐 건설이나 저수지 확보, 해수 담수화 사업 등을 하고 있다. • 양치질이나 세수를 할 때 물을 받아서 쓰는 것과 같이 생활 속에서 물을 아껴 쓰기 위해 실천할 일들이 많다.
느낀 점이나 감상	우리가 사용할 수 있는 물의 양이 매우 적다는 것을 깨달았고, 물을 아끼기 위해 노력해야겠다고 다짐했다.

＊민물: 강이나 호수와 같이 짜지 않은 물.
＊빙하: 추운 지역에서 눈이 오랫동안 쌓여 만들어진, 육지를 덮고 있는 큰 얼음덩어리.
＊해수 담수화 사업: 바닷물의 염분을 제거하여 민물로 만드는 일.

1

내용 이해

글쓴이가 물 환경 연구 센터에 견학을 간 까닭을 쓰세요.

(   )

2

어휘·표현

이 글의 내용으로 보아, ㉠'민물'과 바꾸어 쓸 수 있는 낱말은 무엇인가요? (   )

① 하수   ② 담수   ③ 냉수

④ 약수   ⑤ 온수

3

내용 이해

글쓴이가 물 환경 연구 센터에서 보고 들은 내용을 생각하며 빈칸에 알맞은 숫자를 쓰세요.

(1) 우리가 생활에서 실제 쓸 수 있는 물은 (   )퍼센트 미만으로 아주 적다.

(2) 국제 연합 환경 계획(UNEP)이 발표한 환경 보고서에 따르면 2025년에는 전 세계 인구의 (   ) 정도가 물 부족에 시달릴 것으로 예측된다.

4

추론

㉡에서 짐작할 수 있는 사실은 무엇인가요? (   )

① 쓸 수 있는 물의 양이 더 줄고 있다.

② 물 부족 문제가 조금씩 해결되고 있다.

③ 더 이상 물 부족 문제를 해결할 방법이 없다.

④ 물을 깨끗하게 하려면 많은 비용과 시간이 필요하다.

⑤ 물 부족 문제에 대한 사람들의 관심이 높아지고 있다.

5 **내용 이해**

글쓴이가 물 환경 연구 센터를 견학하면서 알게 된 물 부족 문제의 원인을 모두 고르세요. (   )

① 기후 변화

② 댐 건설과 저수지 확보

③ 해수 담수화 사업의 확대

④ 산업 발달로 인한 물의 오염

⑤ 대도시에 집중된 인구의 물 소비량 증가

6 **감상**

글쓴이는 물 환경 연구 센터를 견학하면서 어떤 생각이나 느낌이 들었는지 찾아 쓰세요.

_____

_____

7 **추론**

이 글에 덧붙이면 좋을 자료로 가장 알맞은 것에 ○표 하세요.

(1) 국가별 해외 유학생 수를 나타낸 표   (   )

(2) 나라별 하루 물 소비량을 비교한 그래프   (   )

(3) 우리나라 각 도시별 노인 인구수를 비교한 표   (   )

8 **적용·창의**

다음 글을 읽고, 빈칸에 알맞은 제안하는 내용을 쓰세요.

> 사람이 살아가는 데 꼭 필요한 것 중 하나가 물입니다. 우리나라에서는 물을 쉽게 구할 수 있지만, 카타르나 인도와 같이 물이 매우 부족한 나라에 사는 사람들은 물을 쉽게 구하지 못해 질병에 걸리는 등 여러 가지 어려움을 겪고 있습니다.
>
> _____
>
> _____

📖 어휘력 강화

낱말의 뜻

1 다음 문장에 알맞은 낱말을 (　　) 안에서 골라 ○표 하세요.

(1) 모든 관심이 나에게 (집중됐다, 절약됐다).

(2) 요즘 아이들은 운동 (부족, 만족)과 편식으로 인해 체력이 부실하다.

(3) 기상청은 다음 주부터 강한 추위가 찾아오겠다고 (예방했다, 예측했다).

헷갈리기 쉬운 말

2 빈칸에 들어갈 알맞은 낱말을 ◦보기◦에서 찾아 쓰세요.

◦ 보기 ◦	덮다	덥다

(1) 하늘에서 내리는 눈이 땅을 (　　　　).

(2) 여름이 지났는데도 날씨가 무척 (　　　　).

속담

3 다음 내용과 관계있는 속담에 ○표 하세요.

> 우리가 양치질이나 세수를 할 때 물을 받아서 쓰는 것과 같이 물을 아껴 쓰는 일들을 꾸준히 실천하다 보면 언젠가는 물 부족 문제를 해결할 수 있다.

(1) 무쇠도 갈면 바늘 된다 → 꾸준히 노력하면 어떤 어려운 일이라도 이룰 수 있다는 말. (　　)

(2) 우물에 가 숭늉 찾는다 → 모든 일에는 질서와 차례가 있는 법인데 일의 순서도 모르고 성급하게 덤빔을 비유적으로 이르는 말. (　　)

사회자: 지금부터 '〔   ㉠   〕'라는 주제로 토론을 시작하겠습니다. 저는 토론의 사회를 맡은 박준아입니다. 먼저 찬성편에서 주장을 펼치겠습니다.

찬성편 1: 일기 검사는 *인권을 *침해하는 것이라고 생각합니다. 왜냐하면 ㉡일기에 자신의 고민이나 비밀을 쓸 때가 있는데 선생님께서 일기를 검사하시면 일기를 쓴 아이의 고민이나 비밀을 아시게 되기 때문입니다. 국가 인권 위원회의 한 관계자도 초등학교 교사가 학생의 일기장을 검사하는 것은 아동의 사생활과 인권을 침해하는 행위가 될 수 있다고 밝혔습니다.

사회자: 다음으로 반대편에서 주장을 펼치겠습니다.

반대편 1: 일기 검사는 인권을 침해하는 것이 아니라고 생각합니다. 왜냐하면 우리는 선생님에게 ㉢지도를 받는 학생이기 때문입니다. 선생님께서 우리가 쓴 일기를 검사하시면서 잘못된 표현이나 맞춤법을 고쳐 주시는데 이 과정을 통해 글쓰기 실력도 늘게 됩니다.

사회자: 찬성편과 반대편의 주장을 잘 들어 보았습니다. 이번에는 상대편 주장의 잘못된 점을 지적하는 *반론하기 시간입니다. 반대편에서 찬성편의 주장을 반론하여 주시기 바랍니다.

반대편 2: 찬성편에서는 일기를 검사하는 것이 인권을 침해하는 것이라고 했습니다. 하지만 일기에 고민이나 비밀을 썼을 경우 오히려 선생님께서 일기를 검사하시면서 고민을 해결할 좋은 방법을 찾아 주실 수도 있습니다. 따라서 찬성편에서 제시한 근거가 일기 검사가 인권을 침해한다는 의견을 뒷받침한다고 보기는 어렵습니다.

사회자: 다음으로 찬성편에서 반대편의 주장을 반론하여 주십시오.

찬성편 2: 반대편에서 일기 검사는 인권을 침해하는 것이 아니라고 했습니다. 또 일기 검사를 통해 글쓰기 실력을 기를 수 있다고 했는데, 글을 잘 쓰기 위해서 일기를 쓰는 것이 아닙니다. 초등학생에게도 개인의 생활을 보호받을 권리가 있습니다. 글쓰기 실력은 감상문과 같은 글을 쓰면서 기를 수도 있습니다.

＊인권: 인간으로서 당연히 가지는 기본적 권리.
＊침해하는: 침범하여 해를 끼치는.
＊반론하기: 남의 논설이나 비난, 논평 따위에 대하여 반박하기.

1

주제

㉠에 들어갈 토론 주제로 알맞은 것은 무엇인가요? (　　　)

① 일기를 매일 써야 한다
② 일기를 쓰면 좋은 점이 많다
③ 일기 검사는 인권을 침해한다
④ 초등학생에게도 인권이 필요하다
⑤ 초등학생의 비밀을 지켜 주어야 한다

2

짜임

찬성편의 주장과 근거를 정리하여 쓰세요.

주장	(1)
근거	(2)

3

내용 이해

찬성편이 ㉡을 뒷받침하는 자료로 제시한 것은 무엇인가요? (　　　)

① 사진 자료　　　　　　　② 신문 기사
③ 책의 내용　　　　　　　④ 전문가의 의견
⑤ 설문 조사 결과

4

어휘·표현

밑줄 친 낱말이 ㉢'지도'와 같은 뜻으로 쓰인 것을 두 가지 고르세요. (　　　　)

① 서점에서 최신 지도를 구입했다.
② 여행한 곳을 지도에 표시하였다.
③ 선생님의 지도 덕분에 국어가 좋아졌다.
④ 지도에도 잘 보이지 않는 작은 섬이 있다.
⑤ 외국인 선생님께 영어 발음 지도를 받고 있다.

5 반대편의 주장에 덧붙일 근거로 알맞은 것에 ○표 하세요.

추론

(1) 날마다 일기를 쓰는 일은 학생들에게 부담을 줄 수 있다. ( )

(2) 일기 검사를 통해 선생님은 학생들을 비교하고 평가할 수 있다. ( )

(3) 일기 검사를 통해 선생님이 학생의 마음을 위로해 주거나 잘못을 일깨워 줄 수 있다. ( )

6 반대편에서 찬성편의 주장에 대하여 반론한 내용은 무엇인가요? ( )

내용 이해

① 일기 검사를 통해 글쓰기 실력이 늘게 된다.
② 글을 잘 쓰기 위해서 일기를 쓰는 것이 아니다.
③ 초등학생에게도 개인의 생활을 보호받을 권리가 있다.
④ 감상문과 같은 글을 쓰면서 글쓰기 실력을 기를 수도 있다.
⑤ 선생님께서 일기를 검사하시면서 고민을 해결할 방법을 찾아 주실 수도 있다.

7 찬성편과 반대편의 주장에 대하여 자신의 생각을 바르게 말한 친구는 누구인지 쓰세요.

비판

> 지성: 찬성편의 주장은 적절해. 일기 쓰기의 좋은 점은 인정하지만 숙제로 내서 억지로 쓰게 하고 검사하는 것은 인권을 침해하는 행동이야.
> 희연: 반대편의 주장은 적절하지 않아. 검사를 받기 위해 일기를 습관적으로 쓰게 되면 일기에 솔직한 내용을 쓰지 않을 수도 있기 때문이야.

( )

어휘력 강화

1 빈칸에 알맞은 낱말을 ○보기○에서 찾아 쓰세요.

> ○ 보기 ○   침해하는   검사하는   지적하는

(1) 저작권을 (   ) 경우 법적 처벌을 받을 수 있다.

(2) 선생님이 숙제를 (   ) 동안 우리는 책을 읽었다.

(3) 다른 사람의 단점을 (   ) 것은 쉽지만 자신의 단점을 깨닫기는
쉽지 않다.

2 밑줄 친 낱말과 뜻이 비슷한 낱말을 찾아 ○표 하세요.

(1)
> 노래 실력이 점점 늘었다.

(나아졌다, 불어났다, 줄어들었다)

(2)
> 우리 집의 모든 문제는 엄마가 해결한다.

(변명한다, 생각한다, 처리한다)

3 빈칸에 들어갈 알맞은 사자성어에 ○표 하세요.

> 초등학생 일기 검사에 대하여 반 친구들이 　　　　　하였지만 쉽게 결론이 나
> 지 않았다.

(1) 갑남을녀(甲男乙女) → 갑이란 남자와 을이란 여자라는 뜻으로, 평범한 사람들을
이르는 말.　　　　　　　　　　　　　　　　　　　　　　　　(　)

(2) 갑론을박(甲論乙駁) → 여러 사람이 서로 자신의 주장을 내세우며 상대편의 주장
을 반박함.　　　　　　　　　　　　　　　　　　　　　　　　(　)

가

바람은 이상해요.
귀신 같애요.
몸뚱이 안 보이는
도깨비야요.
㉠우후후 소리치며
몰려와서는,
교장 선생 모자를
벗겨 가지요.

바람은 우스워요.
*뱃심 좋아요.
얼음같이 차디찬 손
벌리고 와서,
따뜻한 내 몸뚱이
만져 보려고,
저고리를 살그머니
*들치곤 해요.

나

바람의 이름은 바람이 처음 시작된 방향을 기준으로 하여 정해진다. 그래서 동쪽에서 서쪽으로 부는 바람은 '동풍', 서쪽에서 동쪽으로 부는 바람은 '서풍', 남쪽에서 북쪽으로 부는 바람은 '남풍', 북쪽에서 남쪽으로 부는 바람은 '북풍'이라고 한다. 바람의 이름을 나타내는 순우리말도 있는데, 동풍은 '샛바람', 서풍은 '하늬바람', 남풍은 '마파람', 북풍은 '된바람'이라고 한다.

바람의 종류에는 계절풍과 국지풍이 있다.

계절풍은 계절에 따라 부는 바람을 말한다. 계절풍이 생기는 까닭은 육지와 바다의 온도 차이 때문이다. 여름철에는 육지가 바다보다 따뜻해 바다에서 육지로 바람이 분다. 반대로 겨울철에는 바다가 육지보다 따뜻해 육지에서 바다로 바람이 분다. 우리나라는 *시베리아 지역과 *태평양 사이에 있는데, 계절에 따라 바람의 방향이 바뀐다. 여름철에는 태평양 쪽에서 불어오는 남동풍이 불며, 바람이 무덥고 습하다. 겨울철에는 우리나라의 북서쪽에 있는 시베리아 쪽에서 불어오는 북서풍이 불며, 바람이 매우 차갑고 건조하다.

국지풍은 특정 지역에서만 부는 바람을 말한다. 국지풍에는 해륙풍, 산골바람 등이 있다.

●지문의 난이도

●문제의 난이도

낱말 뜻

*뱃심: 부끄러움이나 두려움 없이 자기 생각을 굳게 지키면서 버티는 힘.
*들치곤: 한쪽 끝을 잡고 쳐들고는.
*시베리아: 러시아의 우랄산맥에서 태평양 연안에 이르는 북아시아 지역.
*태평양: 아시아 대륙과 오세아니아 대륙, 남아메리카 대륙과 북아메리카 대륙에 둘러싸여 있는 바다.

해륙풍은 *해안 지방에서 부는 바람으로, 낮에는 육지가 바다보다 따뜻해 바다에서 육지로 바람이 분다. 반대로 밤에는 바다가 육지보다 따뜻해 육지에서 바다로 바람이 분다.

산골바람은 산을 중심으로 부는 바람이다. 낮에는 골짜기에서 산 정상으로 바람이 불고, 밤에는 산 정상에서 골짜기로 바람이 분다.

▲ 산골바람

태풍도 바람의 한 종류이다. 태풍은 따뜻한 *열대 바다에서 발생하는 것으로, 큰비와 함께 부는 매우 센 바람을 말한다. 태풍과 성질이 같은 바람으로는 허리케인, 사이클론이 있다. 태풍은 열대 지역의 바닷물의 온도가 뜨거워지면 주변의 공기도 따뜻해지는데, 이 과정이 반복되면서 하늘에 거대한 구름 덩어리가 생기고 *소용돌이가 치면서 발생한다. 해마다 7~9월에 태평양에서 한국, 일본 등으로 태풍이 불어오는데, 최근에는 지구 온난화 때문에 태풍이 자주 발생하고 그 힘도 점점 커지고 있다. 2002년 8월, 우리나라를 지나간 태풍 루사는 하루 동안 870mm의 비를 퍼부어 큰 피해를 입히기도 했다. 태풍이 불어오면 강풍으로 인해 나무가 부러지고 농작물이 쓰러지며 건물이나 집의 유리창이 깨진다. 또한 갑자기 세차게 쏟아지는 비로 인해 도로가 물에 잠겨 교통이 마비되고, 주택지나 *농경지 등이 물에 잠기는 등 여러 가지 피해를 입는다. 하지만 지구의 공기를 순환시키는 중요한 역할을 하기도 한다.

▶ 낱말 뜻

*해안: 바다와 육지가 맞닿은 부분.
*열대: 적도에 가까우며, 연평균 기온이 섭씨 20도 이상인 덥고 비가 많이 오는 지역.
*소용돌이: 바닥이 팬 자리에서 물이 빙빙 돌면서 흐르는 현상. 또는 그런 곳.
*농경지: 농사짓는 데 쓰는 땅.

▲ 태풍으로 인한 피해

1

주제

시 **가**와 글 **나**의 중심 글감은 무엇인지 쓰세요.

(   )

2

짜임

시 **가**와 글 **나**의 짜임에 대한 설명으로 알맞지 <u>않은</u> 것의 기호를 쓰세요.

⑦ 시 **가**는 2연 16행으로 이루어져 있다.

⑭ 시 **가**는 1연과 2연의 글자 수가 거의 같다.

⑭ 글 **나**의 중요한 내용은 바람의 속도를 재는 방법이다.

⑭ 글 **나**는 바람을 종류별로 나누거나 묶어서 설명하기도 하였다.

(   )

3

어휘·표현

⊙'우후후 소리치며 / 몰려와서는,'에 쓰인 표현의 특징으로 알맞은 것은 무엇인가요?

(   )

① 바람을 사람처럼 표현하였다.

② '~는 ~이다'와 같이 표현하였다.

③ 바람의 모습을 자세하게 표현하였다.

④ 글자 수를 일정하게 반복하여 표현하였다.

⑤ 바람을 다른 사물에 직접 빗대어 표현하였다.

4

감상

시 **가**를 읽은 느낌은 어떠한가요? (   )

① 재미있다.   ② 신비롭다.   ③ 쓸쓸하다.

④ 안타깝다.   ⑤ 지루하다.

5 글 **나**를 읽고 다음 바람을 나타내는 순우리말 이름을 쓰세요.

내용 이해

(1) 동쪽에서 서쪽으로 부는 바람: (   )

(2) 서쪽에서 동쪽으로 부는 바람: (   )

(3) 남쪽에서 북쪽으로 부는 바람: (   )

(4) 북쪽에서 남쪽으로 부는 바람: (   )

6 글 **나**의 내용으로 알맞은 것을 두 가지 고르세요. (   )

내용 이해

① 밤이 되면 골짜기에서 산 정상으로 바람이 분다.

② 태풍은 지구의 공기를 순환시키는 중요한 역할을 한다.

③ 계절풍이 생기는 까닭은 육지와 바다의 온도가 같기 때문이다.

④ 계절풍은 계절에 따라 부는 바람, 국지풍은 특정 지역에서만 부는 바람을 말한다.

⑤ 우리나라는 여름철에는 육지에서 바다로 바람이 불고, 겨울철에는 바다에서 육지로 바람이 분다.

7 글 **나**를 읽고 해안 지방의 낮과 밤에 바람이 부는 방향을 각각 화살표로 표시하여 보세요.

적용·창의

(1)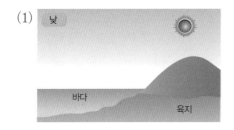

(2)

세 가 로 낱말 퀴즈

한 주 동안 배운 낱말을 떠올리며 다음 문제를 풀어 보세요.

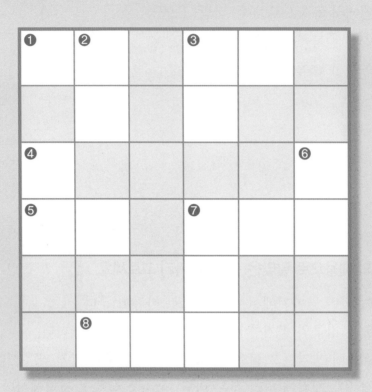

가로 →

❶ 인간으로서 당연히 가지는 기본적 권리.

❸ 바다와 육지가 맞닿은 부분.

❺ 사물의 한가운데.

❼ 논밭에 심어 가꾸는 곡식이나 채소.

❽ 농사에 쓰거나 수력 발전 등을 하기 위하여 하천이나 골짜기를 막아 물을 모아 둔 큰 못. 예 가뭄에 대비하기 위해 ○○○를 설치하였다.

세로 ↓

❷ 어떤 일을 하거나 다른 사람에게 요구할 수 있는 정당한 힘이나 자격. 예 초등학생도 사생활을 보호받을 ○○가 있다.

❸ 제기된 문제를 해명하거나 얽힌 일을 잘 처리함.

❹ 한곳이 중심이 되어 모임.

❻ 풀에서 나오는 퍼런 물.

❼ 농사짓는 데 쓰는 땅.

앗!

[정답 및 해설]이 어디 도망갔다고요?
길벗스쿨 홈페이지에 들어오세요.
도서 자료실에 딱 준비되어 있습니다!

기적의 독해력

실력편

정답 및 해설

6 권

1 (깊은) 숲속   2 ②   3 ⑵ ○   4 ②   5 ⑤
6 영민   7 ⑷ ○

어휘력 강화   1 ⑴ 참견 ⑵ 다행 ⑶ 주제   2 ①
3 ⑵ ○

1 이 이야기는 독수리에게 쫓기던 토끼를 쇠똥구리가 구해 주면서 일어난 일을 쓴 것으로, 일이 일어난 장소는 깊은 숲속입니다.

2 커다란 독수리에게 쫓기던 토끼는 독수리에게 잡힐까 봐 두렵고 다급하고 절박하며 조마조마했을 것입니다.
   • **다급하다**: 일이 바싹 닥쳐서 매우 급하다.
   • **절박하다**: 어떤 일이나 때가 가까이 닥쳐서 몹시 급하다.

3 쇠똥구리는 독수리에게 무시하는 말을 듣고 몹시 기분이 상해서(원인) 날마다 독수리 둥지 안에 쇠똥을 떨어뜨렸습니다(결과).

4 ㉠은 쇠똥구리가 나무꾼의 머리 위에 떨어뜨린 아주 커다란 쇠똥을 가리키는 말입니다.

5 쇠똥구리를 쇠똥이나 굴리는 보잘것없는 벌레라고 무시하였다가 둥지만 엉망진창이 된 독수리를 통해 아무리 작고 약한 것이라도 함부로 대하면 안 된다는 교훈을 얻을 수 있습니다.

6 쇠똥구리가 자신이 할 일을 하지 않고 남의 일에 참견하였다는 영민이의 말은 글의 내용과 맞지 않습니다.

7 주어진 글의 내용과 가장 자연스럽게 이어지는 내용은 ⑷입니다.

어휘력 강화

1 ⑵ **다행**: 뜻밖에 일이 잘되어 운이 좋음.
   ⑶ **주제**: 어떤 사람의 초라한 모습이나 처지.

2 '원수를 갚음.'이라는 뜻을 가진 '복수'와 뜻이 비슷한 낱말은 '보복'입니다.
   • **보복**: 남이 저에게 해를 준 대로 저도 그에게 해를 줌.
   • **보상**: 남에게 진 빚 또는 받은 물건을 갚음.
   • **보강**: 보태거나 채워서 본디보다 더 튼튼하게 함.
   • **보답**: 남의 호의나 은혜를 갚음.
   • **복종**: 남의 명령이나 의사를 그대로 따라서 좇음.

3 쇠똥같이 흔한 물건도 막상 쓰려고 찾으면 없다는 내용과 관계있는 속담은 '쇠똥도 약에 쓰려면 없다'입니다.

1 오페라, 뮤지컬   2 ㉮   3 ㉢   4 ⑤   5 ⑤
6 윤지   7 ⑴ ✕

어휘력 강화   1 ⑴ 결합 ⑵ 원칙 ⑶ 일상적인
2 ⑴ 나온다 ⑵ 몸짓   3 ⑵ ○

1 오페라와 뮤지컬에 대해 설명하는 글입니다.

2 이 글은 오페라와 뮤지컬의 공통점과 차이점을 설명하고 있습니다.

3 ㉢에 오페라의 내용을 깊이 있게 이해하려면 어떻게 해야 하는지에 대한 글쓴이의 생각이 담겨 있습니다.

4 ㉮에 들어갈 내용으로는 뮤지컬 배우의 움직임이 많고 동작도 큰 까닭에 해당하는 ⑤가 알맞습니다.

5 이 글의 끝부분에서 뮤지컬은 공연하는 나라의 언어로 바꾸어 부르는 경우가 많다고 하였으므로, ⑤는 글의 내용과 맞지 않습니다.

6 오페라는 풍부한 성량을 가진 성악가가 전용 극장에서 공연을 하므로, 실내보다 야외가 좋다는 경민이의 생각은 알맞지 않습니다. 또한 뮤지컬은 대사와 노래뿐만 아니라 배우의 춤이나 동작을 통해서도 내용을 전달하므로, 눈을 감고 음악에 집중하는 게 좋다는 서연이의 생각도 알맞지 않습니다.

7 오페라와 뮤지컬에 관객이 함께 참여한다는 내용은 글에 나오지 않습니다.

어휘력 강화

1 ⑴ **결합**: 둘 이상의 사물이나 사람이 서로 관계를 맺어 하나가 됨.
   ⑵ **원칙**: 어떤 행동이나 이론 따위에서 일관되게 지켜야 하는 기본적인 규칙이나 법칙.
   ⑶ **일상적**: 날마다 볼 수 있는 것.

2 • **출연하다**: 무대나 영화, 방송 등에 나와 연기나 연주를 하다.
   • **동작**: 몸이나 손발 따위를 움직임. 또는 그런 모양.

3 오페라의 내용을 대충 짐작만 하고 정확하게는 모른다는 내용에 어울리는 속담은 '수박 겉 핥기'입니다.

1 ⑤   2 ⑤   3 예 1970년, 미국의 게이로드 넬슨과 데니스 헤이즈가 '지구의 날' 행사를 처음으로 개최함.
4 (3) ×   5 ②   6 (2) ○   7 ㉮

어휘력 강화   1 (1) 유출되었다 (2) 행사 (3) 통행
2 ②   3 (1) ○

1 '지구의 날'이 어떻게 만들어지게 되었는지 설명하는 글입니다.

2 ㉠에 들어갈 내용으로는 '지구의 날'이 시작된 이후에 벌어진 일과 관련된 ⑤가 알맞습니다.

3 캘리포니아주 앞바다에서 기름 유출 사고가 발생한 이후 미국의 상원 의원 게이로드 넬슨과 하버드 대학교 학생인 데니스 헤이즈가 '지구의 날' 행사를 처음으로 개최하였습니다.

4 처음으로 개최된 '지구의 날' 행사에는 미국의 수많은 사람이 참가하였습니다.

5 ① **개최하다**: 모임이나 회의 따위를 주최하여 열다.
③ **지정하다**: 가리키어 확실하게 정하다.
④ **실천하다**: 생각한 바를 실제로 행하다.
⑤ **참여하다**: 어떤 일에 끼어들어 관계하다.

6 이 글에 덧붙일 자료로 알맞은 것은 지구 환경 보호와 관련된 (2)입니다. (1)은 '책을 읽자.'라는 생각을 담은 공익 광고이고, (3)은 아름다운 한글에 대한 포스터입니다.

7 ㉯는 골프장이 건설될 예정이라는 내용으로, 자연 개발을 긍정적으로 생각하는 입장에서 쓴 기사문입니다.

어휘력 강화

1 (2) **행사**: 어떤 일을 시행함. 또는 그 일.
(3) **통행**: 일정한 장소를 지나다님.

2 '집회'는 '여러 사람이 어떤 목적을 위하여 일시적으로 모임. 또는 그런 모임.'이라는 뜻입니다.

3 '한마음 한뜻'은 '여러 사람의 마음과 뜻이 하나와 같음.'이라는 뜻의 관용어로, '만장일치(滿 찰 만 場 마당 장 一 하나 일 致 이를 치)'와 바꾸어 쓸 수 있습니다.

1 ❶   2 ⑤   3 ④   4 ⑤   5 ③   6 ④   7 성규

어휘력 강화   1 (1) 체험 (2) 형편 (3) 고생   2 ②
3 (1) ○

1 이 글에서 글을 쓰게 된 문제 상황을 밝히고, 글쓴이의 주장이 분명하게 나타나 있는 부분은 글 ❶입니다.

2 글쓴이는 자신이 겪은 일을 예로 들어 곤경에 처했을 때 주변의 도움이 필요하다는 점을 강조하였습니다.

3 글쓴이는 어려움을 겪는 이웃을 돕기 위해 봉사 활동에 적극적으로 참여하자고 주장하였습니다.

4 글쓴이는 자신의 주장을 뒷받침하는 내용으로 봉사 활동을 하면 좋은 점을 제시했습니다. ⑤는 글쓴이가 제시한 봉사 활동을 하면 좋은 점이 아닙니다.

5 ㉠ 뒤에 이어지는 내용으로 보아, ㉠에 들어갈 알맞은 속담은 ③입니다.
모래알도 모으면 산이 된다: 아무리 작은 것이라도 모이고 모이면 나중에 큰 덩어리가 됨을 비유적으로 이르는 말.

6 글 ❸에서 이웃을 도울 수 있는 아주 작은 일이라도 찾아서 봉사 활동에 참여하자고 하였으므로, ④는 글의 내용과 알맞지 않습니다.

7 성규는 봉사 활동에 적극적으로 참여해야 한다는 글쓴이의 생각과 다르게 스스로 어려움을 극복하는 태도가 필요하다고 생각합니다.

어휘력 강화

1 (1) **체험**: 자기가 몸소 겪음. 또는 그런 경험.
(2) **형편**: 살림살이의 형세.
(3) **고생**: 어렵고 고된 일을 겪음. 또는 그런 일이나 생활.

2 • **풍부하다**: 넉넉하고 많다.
• **부족하다**: 필요한 양이나 기준에 미치지 못해 충분하지 아니하다.

3 우리 조상들이 농사일을 할 때 서로의 일을 번갈아 가며 도와주었다는 내용에 어울리는 사자성어는 '상부상조(相 서로 상 扶 도울 부 相 서로 상 助 도울 조)'입니다.

1 나 **2** (1) 5 (2) 1 (3) 2 (4) 4 (5) 3 **3** 희수 **4** ⑤
5 (1) ○ **6** (1) 도둑(물건을 훔친 사람) (2) 조선 시대
양반집 안채에 작약을 많이 심은 것 **7** ①

1 주어진 내용은 설명하는 글인 글 **나**를 읽는 방법으로 알
맞습니다.

　자세하게

　글 **가**는 전래 동화로, 일이 일어난 차례를 파악하고, 인
　물의 성격을 짐작하며 읽어야 합니다.

2 주어진 내용을 일이 일어난 차례대로 정리하면 (2) → (3)
→ (5) → (4) → (1)입니다.

3 글 **가**에 나오는 인물의 성격을 바르게 파악하여 말한 친
구는 희수입니다. 원님은 책임감이 강하고 지혜로운 인
물입니다.

4 모란과 작약은 해마다 5월쯤 되면 꽃을 피우는데 모란은
꽃잎이 피고 나면 2~3일 내로 시들어 버리지만, 작약은
5~6일 동안 피어 있는다고 하였습니다.

5 글 **나**에서 가구를 비롯하여 그릇, 자수, 회화 등에서도
모란과 작약을 흔히 볼 수 있다고 한 내용과 문제에 주어
진 모란이 그려진 병풍과 항아리, 상자를 통해 다양한 예
술품에 모란꽃을 그려 넣었음을 짐작할 수 있습니다.

6 ㉠과 ㉢ 앞에 있는 문장에서 ㉠과 ㉢이 가리키는 내용을
찾아 써 봅니다.

　자세하게

　가리키는 말의 역할: 가리키는 말은 앞 문장에 나온 낱말
　이나 내용을 뒤에서 짧은 말로 나타내어 문장이 길어지
　지 않도록 해 주는 역할을 합니다.

7 글 **가**에서 물 항아리 속 두꺼비를 내세워 돌쇠가 도둑이
라는 것을 알아낸 원님의 행동을 보고 고을 사람들은 원
님의 지혜를 칭찬하였을 것입니다. 또한 글 **나**에서 작약
의 아름다움도 감상하고 약재로도 쓰기 위해 양반집 안
채에 작약을 많이 심었던 것은 조상의 지혜가 엿보이는
행동입니다. 따라서 ㉡과 ㉣에 공통으로 들어갈 알맞은
낱말은 '지혜'입니다.

1 ③ **2** 1연 **3** ② **4** ㉣ **5** ②, ④ **6** 윤아
7 예 우리는 책을 읽습니다. / 그림도 그려 봅니다.

　어휘력 강화 **1** (1) 튀겨서 (2) 볶았다 (3) 문풍지
　2 (1) 고기+ㅅ+배 (2) 제사+ㅅ+날
　3 (2) ○

1 길고 긴 겨울밤에 겪은 일을 재미있게 표현한 시로, 제목
으로 알맞은 것은 '겨울밤'입니다.

2 1연의 '쏴아 쏴아 쏴아'는 바람이 부는 소리를, '부웅붕'은
문풍지가 울리는 소리를 생생하고 실감 나게 표현한 말
입니다.

3 4연의 내용으로 보아, 겨울밤은 길게 느껴지는데 잠이
오지 않아서 감자를 두 번씩이나 구워 먹었음을 알 수 있
습니다.

4 시의 내용에 어울리는 장면은 ㉣입니다. ㉮, ㉰와 같은
내용은 이 시에 나오지 않습니다.

5 아이들이 화롯가에 모여 앉아 감자, 콩, 강냉이를 먹으며
도란도란 이야기를 나누는 모습에서 따뜻함과 평화로움
을 느낄 수 있습니다.

6 이 시를 읽고 '내'가 엄마를 그리워하는 마음은 느낄 수
없습니다.

7 잠이 오지 않는 길고 긴 겨울밤에 언니, 누나와 함께 무
엇을 할 수 있을지 떠올려 보고, 시의 짜임에 어울리도록
일부분을 바꾸어 써 봅니다.

　어휘력 강화

1 (1) **튀기다:** 마른 낱알 따위에 열을 가하여서 부풀어 나게
　하다.
　(2) **볶다:** 물기를 거의 뺀 음식을 불 위에 놓고 이리저리
　저으면서 익히다.

2 '고깃배'는 '고기+ㅅ+배'로 나눌 수 있고, '제삿날'은 '제
사+ㅅ+날'로 나눌 수 있습니다.

3 토끼 이야기를 들은 누나가 지겹다고 하였으므로, 빈칸에
들어갈 관용어로는 '귀에 못이 박히도록'이 알맞습니다.

1 ①, ②, ⑤ **2** ②, ④ **3** ① **4** 예 손톱은 하루 평균 0.1밀리미터, 발톱은 0.05밀리미터, 머리카락은 0.3밀리미터 정도 자란다. **5** (3) × **6** ③, ④ **7** 재경

어휘력 강화 **1** (1) 성분 (2) 노출 (3) 관여 **2** ④
3 (1) ◯

1 이 글에서 설명하고 있는 대상인 '손톱, 발톱, 머리카락'이 중심 낱말입니다.

2 이 글에 손톱과 발톱, 머리카락의 수명이 얼마나 되는지, 손톱과 발톱, 머리카락을 건강하게 관리하려면 어떻게 해야 하는지는 나오지 않습니다.

3 여름과 낮처럼 햇빛을 많이 받는 때에 손톱이 더 빨리 자란다는 것을 알 수 있습니다.

4 손톱과 발톱, 머리카락이 하루 평균 어느 정도 자라는지 비교하여 써 봅니다.

5 손톱과 발톱은 피부가 딱딱하게 변한 것이고, 머리카락은 죽은 세포들이 모인 것으로, 모두 케라틴 성분으로 이루어져 있습니다.

6 ③ '연령'은 '사람이나 동·식물 따위가 세상에 나서 살아온 햇수.'를 뜻하는 낱말로, '나이'와 뜻이 비슷한 낱말입니다.
④ '속도'는 '물체가 나아가거나 일이 진행되는 빠르기.'를 뜻하는 낱말로, '속력'과 뜻이 비슷한 낱말입니다.

7 민아와 성연이가 말한 내용은 이미 글에 설명되어 있습니다.

어휘력 강화

1 (1) **성분**: 통일된 하나의 조직체를 구성하는 한 부분.
(3) **관여**: 어떤 일에 관계하여 참여함.

2 ④ '한밤중'은 '깊은 밤.'을 뜻하는 낱말로, '계절'에 포함되는 낱말이 아닙니다.

3 지금까지 해외여행을 간 적이 한 번도 없다고 하였으므로, 빈칸에 들어갈 관용어로는 '머리에 털 나고'가 알맞습니다.

1 ④ **2** (2) × **3** ㉤ **4** ⑤ **5** ④ **6** 준용
7 (1) 유형 문화재 (2) 기념물

어휘력 강화 **1** (1) 가치 (2) 보존하기 (3) 후세 **2** ④
3 (1) ◯

1 문화재의 뜻을 알려 주고 문화재를 크게 네 가지로 구분하여 설명한 글이므로, 제목으로 '문화재의 뜻과 종류'가 알맞습니다.

2 궁터나 절터, 옛 무덤, 가마터와 같이 역사적으로 가치가 있고 경치가 뛰어난 곳들은 '기념물'에 해당합니다.

3 ㉤에 문화재에 대한 글쓴이의 생각이 드러나 있습니다.

4 무형 문화재는 유형 문화재와 달리 보관할 수 없기 때문에 그 예능이나 기능을 가지고 있는 사람을 '인간 문화재'로 지정하여 보존하고 있습니다.

5 덕온 공주 당의는 민속 자료에 속하므로, **5**문단에 덧붙이기에 알맞습니다.

6 문화재는 조상들이 남긴 것들 중에서 역사적·문화적·학술적으로 가치가 높아 보호해야 할 것이므로, 현대 기술을 사용하여 문화재를 고쳐 나가자는 준용이의 생각은 바르지 않습니다.

7 다보탑은 '유형 문화재', 고인돌은 '기념물'에 해당합니다.

어휘력 강화

1 (1) **가치**: 사물이 지니고 있는 쓸모.
(2) **보존하다**: 잘 보호하고 간수하여 남기다.
(3) **후세**: 다음에 오는 세상. 또는 다음 세대의 사람들.

2 '음악'은 '박자, 가락, 음성 따위를 갖가지 형식으로 조화하고 결합하여, 목소리나 악기를 통하여 사상 또는 감정을 나타내는 예술.'이라는 뜻의 낱말로, '소리'와는 의미가 다릅니다.

3 '대대손손(代 대신할 대 代 대신할 대 孫 손자 손 孫 손자 손)'은 '여러 대를 이어서 내려오는 모든 자손.'이라는 뜻입니다. 비슷한 표현으로는 '자자손손(子 아들 자 子 아들 자 孫 손자 손 孫 손자 손)', '자손만대(子 아들 자 孫 손자 손 萬 일만 만 代 대신할 대)'가 있습니다.

1 ①　2 ④　3 ③　4 친환경 유기농 농산물

5 (1) 가까운 지역　(2) 음식물 쓰레기　(3) 육류 소비

6 서연　7 ④

어휘력 강화　1 (1) 운송　(2) 배출　(3) 재배　2 ②

3 (2) ○

1 **1**문단에 온실가스의 양이 늘어나 지구 온난화가 심해져 우리 생활에 큰 영향을 받고 있다는 문제 상황이 드러나 있습니다.

2 **1**문단에서 글쓴이는 온실가스의 양을 줄이기 위해 노력해야 한다고 주장하였습니다.

3 ㉠ 뒤에 화학 비료를 사용하지 않고 기른 농산물을 구입해야 한다고 하였으므로, ㉠에는 친환경 유기농 농산물을 선택해야 한다는 내용이 들어가기에 알맞습니다.

5 글쓴이는 온실가스를 줄이기 위해서 가까운 지역에서 생산된 친환경 유기농 농산물을 구입하고, 꼭 필요한 재료만 구입하여 음식물 쓰레기를 줄이며, 육류 소비를 줄여야 한다고 하였습니다.

6 서연이는 알맞지 않은 이유를 들어 가며 근거의 적절성을 판단하였습니다.

7 온실가스 배출량이 늘어나 지구 온난화가 심해졌을 때 일어날 일로 알맞지 않은 것은 ④입니다.

어휘력 강화

1 (1) **운송**: 사람을 태워 보내거나 물건 따위를 실어 보냄.
(3) **재배**: 식물을 심어 가꿈.

2 낱말 앞에 붙은 '치'는 '위로 향하게' 또는 '위로 올려'의 뜻을 더하는 역할을 합니다.

3 온실가스 배출량을 줄이기 위해 우리 모두 자발적으로 행동해야 한다는 내용에 어울리는 관용어는 '소매를 걷어붙이다'입니다.

1 ㉠　2 ④, ⑤　3 ④　4 ⑤　5 ②　6 준서

7 ㉡

1 글 **가**와 **나**의 내용을 파악하며 글쓴이가 세운 계획으로 알맞은 것을 골라 봅니다. 글 **가**와 **나**에 전문가의 의견을 덧붙이지 않았고, 글 **나**에 약의 유통 기한이 얼마나 되는지 쓰지 않았으므로, ㉮와 ㉯는 글쓴이가 세운 계획으로 알맞지 않습니다.

2 ① 감기와 독감은 원인, 증상 등이 다른 질병입니다.
② 어린이가 알약을 먹기 힘들어할 때 가루나 시럽 형태의 약을 먹이는 것이 좋다고 하였습니다.
③ 감기의 원인은 200여 개 이상의 바이러스인데 그중에서 리노 바이러스와 코로나 바이러스가 가장 대표적입니다. 하지만 독감은 인플루엔자 바이러스가 원인이 되어 발생합니다.

3 **5**문단은 독감의 증상에 대해 설명하였습니다.

4 **6**문단은 독감은 백신을 접종하면 어느 정도 예방을 할 수 있지만, 감기는 백신이 없다는 것을 설명한 부분으로, ⑤와 같은 자료를 덧붙이기에 알맞습니다.

5 '감기'는 '주로 바이러스로 말미암아 걸리는 호흡 계통의 병.', '독감'은 '인플루엔자 바이러스에 의하여 일어나는 감기.'를 뜻하는 낱말로, 감기와 독감을 모두 포함하는 낱말은 '질병'입니다.

6 글 **나**에서 물 대신 우유나 주스 등과 함께 약을 먹으면 안 된다고 한 것을 개인의 식성을 무시하는 것으로 볼 수는 없습니다.

자세하게

근거의 적절성을 판단하는 방법

• 근거가 주장과 관련되어 있는지 살펴봅니다.
• 근거가 주장을 뒷받침하는지 살펴봅니다.
• 근거가 실천할 수 있는 내용인지 살펴봅니다.
• 근거가 상황에 맞는지 살펴봅니다.

7 ㉮의 경우처럼 주스와 함께 약을 먹어서는 안 되고, ㉯의 경우처럼 유통 기한이 지난 진통제를 먹어서도 안 됩니다.

1 예 실수쟁이 서진이　**2** (2) ×　**3** ②　**4** ③　**5** ⑤
6 경태　**7** ④

어휘력 강화　**1** (1) 종종　(2) 도란도란　(3) 실랑이

　　　　　　2 (1) 매고 → 메고　(2) 체 → 채　**3** (1) ○

1 글의 내용을 대표할 수 있는 제목을 붙여 봅니다.

2 '나'는 어제 책가방을 챙긴다는 것을 깜빡 잊은 채 잠이
들었고, 아침에 동생과 실랑이를 벌이다 지난 금요일에
벗어 둔 책가방을 그대로 메고 왔습니다.

3 ㉠은 교과서를 잘못 가져온 일 또는 지난 금요일에 벗어
둔 책가방을 그대로 메고 온 일을 가리키는 말입니다.

4 ①과 ④는 '내'가 선생님께 사정을 말씀드리려고 할 때 망
설이는 마음, 부끄러운 마음이 드러난 표현이고, ②와 ⑤
는 '내'가 칠판 옆에 있는 시간표를 보고 깜짝 놀란 마음,
당황한 마음이 드러난 표현입니다.

5 종종 준비물을 깜빡하고 안 가져오고, 오늘은 아예 교과
서를 잘못 가져왔다는 것으로 보아, '나'는 조심성이 없고
덜렁거리는 성격이라는 것을 짐작할 수 있습니다.

6 어제 점심시간에 학교 운동장에서 반 친구들과 축구를
했을 때 땀이 나고 힘들었다는 것은 이 글의 '나'와 비슷
한 경험이 아닙니다.

7 '내'가 교과서를 잘못 가져와서 집에 다녀오겠다고 선생
님께 말씀드린 내용 바로 뒤에 이어질 내용으로 가장 알
맞은 것은 ④입니다.

어휘력 강화

1 (1) **종종**: 가끔. 때때로.
　(2) **도란도란**: 여럿이 나직한 목소리로 서로 정답게 이야
　　기하는 소리. 또는 그 모양.

2 (1) '매고'를 '어깨에 걸치거나 올려놓고.'라는 뜻을 가진
　　'메고'로 고쳐 써야 알맞습니다.
　(2) '체'를 '이미 있는 상태 그대로 있다는 뜻을 나타내는
　　말.'인 '채'로 고쳐 써야 알맞습니다.

3 '내'가 민준이에게 식은땀을 흘리게 된 일에 대하여 이야
기한 것이므로, 빈칸에 들어갈 사자성어는 '자초지종(自
스스로 자 初 처음 초 至 이를 지 終 마칠 종)'입니다.

---

1 ⑤　**2** ⑤　**3** ②　**4** (1) 아양　(2) 아양을 떨다
5 (1) 아얌드림　(2) 아얌　(3) 추위　**6** ④　**7** (3) ○

어휘력 강화　**1** (1) 다는　(2) 일컫는　(3) 알랑거리는

　　　　　　2 ②　**3** (3) ○

1 '아양 떨다'라는 말이 어떻게 생겨나게 되었는지에 대하
여 설명하는 글입니다.

2 ❷문단에 아얌을 어디에서 만드는지에 대한 내용은 나오
지 않습니다.

3 요즘에는 한복을 제대로 차려 입는 경우가 많지 않기 때
문에 아얌을 좀처럼 보기 어렵습니다.

4 시간이 흐르면서 '아얌'이 '아양'으로 소리가 바뀌었고,
'아얌을 떨다'도 '아양을 떨다'로 바뀌었습니다.

5 (1) 아얌드림은 아얌의 뒷부분에 달린 넓고 긴 댕기 모양
　　의 비단입니다.
　(2) '아양 떨다'는 '아얌을 떨다'에서 나온 말입니다.
　(3) 아얌은 겨울에 부녀자들이 나들이할 때 추위를 막으
　　려고 머리에 쓰던 쓰개의 한 종류입니다.

6 [보기]처럼 뜻이 반대인 낱말끼리 짝 지어지지 않은 것은
④입니다. '눈길'과 '시선'은 뜻이 비슷한 낱말입니다.

7 '아양 떨다'는 아얌을 흔드는 행동에서 유래한 말이고,
'삿대질'은 삿대를 이리저리 밀고 당기는 행동에서 유래
한 말입니다.

어휘력 강화

1 (1) **달다**: 물건을 일정한 곳에 붙이다.
　(3) **알랑거리다**: 남의 비위를 맞추거나 남에게 잘 보이려
　　고 자꾸 아첨을 떨다.

2 '아양을 떨다'의 '떨다'처럼 '어떤 행동을 가볍고 조심성
없이 자꾸 하다.'의 뜻으로 쓰이지 않은 것은 ②입니다.
②의 '떨다'는 '몸이나 몸의 일부를 반복해서 빠르게 흔들
다.'라는 뜻입니다.

3 어린 손녀가 아양 떠는 것을 보신 할아버지가 활짝 웃으
셨다는 내용에 어울리는 관용어는 '간이 녹다'입니다.

DAY

1 (2) ◯ **2** ④ **3** 식용 곤충, 배양육 **4** ④
5 (1) ㉢ (2) ㉣ **6** ②, ④ **7** 주혁

> 어휘력 강화 **1** (1) 예상된다 (2) 손꼽히는 (3) 넘어서고
> **2** ① **3** (1) ◯

1 **1**문단은 글의 처음 부분, **2**문단과 **3**문단은 글의 가운데 부분, **4**문단은 글의 끝부분에 해당합니다.

2 인구 증가, 자연 파괴, 기후 변화, 곡물 생산량의 감소 때문에 식량 부족 문제가 일어날 것으로 예상된다고 하였습니다.

3 대표적인 미래 식량으로 손꼽히고 있는 식용 곤충과 배양육에 대해 알아보자고 하였습니다.

4 곤충은 단백질과 지방 등 다양한 영양분을 골고루 갖추고 있다고 하였으므로, 곤충을 먹으면 여러 가지 영양분을 섭취할 수 있다는 사실을 짐작할 수 있습니다.

5 **2**문단의 내용을 대표하는 문장은 ㉢, **3**문단의 내용을 대표하는 문장은 ㉣입니다.

6 ①, ③, ⑤는 뜻이 반대인 낱말끼리 짝 지어진 것입니다.

7 채운이와 예서는 글의 내용과 관계없는 내용을 말하였습니다.

어휘력 강화

1 (1) **예상되다**: 어떤 일이 직접 일어나기 전에 미리 생각되다.
　(2) **손꼽히다**: 많은 가운데 다섯 손가락 안에 들 만큼 뛰어나거나 그 수가 적다고 여겨지다.
　(3) **넘어서다**: 일정한 시간, 시기, 범위 따위를 넘어서 벗어나다.

2 **곡물**: 사람의 식량이 되는 쌀, 보리, 콩, 조, 기장, 수수, 밀, 옥수수 따위를 통틀어 이르는 말.

3 식용 곤충과 배양육으로 만든 음식을 많이 개발할수록 식량 부족 문제를 해결할 수 있을 것이라는 내용에 어울리는 사자성어는 '다다익선(多 많을 다 多 많을 다 益 더할 익 善 착할 선)'입니다.

DAY

1 구청장님 **2** ③ **3** ④ **4** ② **5** ㉮ **6** 지영
7 ⑩ 무인 교통 단속 장비를 추가 설치하고, 불법 노상 주차장을 폐지한다.

> 어휘력 강화 **1** (1) 방지 (2) 의논 (3) 제안 **2** ②
> **3** (2) ◯

1 용진이가 구청장님께 제안하는 내용을 담아 쓴 편지입니다.

2 용진이가 생각하는 문제 상황은 학교 앞 횡단보도에 신호등이 설치되어 있지 않아서 길을 건널 때 매우 위험하다는 것입니다.

3 용진이가 이 편지를 통해 하고 싶은 말은 신호등과 과속 방지 턱을 설치해 달라는 것입니다.

4 '머리를 맞대다'는 '어떤 일을 의논하거나 결정하기 위하여 서로 마주 대하다.'라는 뜻의 관용어입니다.

5 ㉡은 과속 방지 턱을 설치한 결과 어린이 교통사고 발생 건수가 크게 줄었다는 내용의 신문 기사를 제시한 부분입니다.

6 지영이는 알맞지 않은 근거를 들어 가며 자신의 생각을 말하였습니다.

7 기사문의 마지막 부분에 교통사고를 줄이기 위한 해결 방법이 나와 있습니다.

어휘력 강화

1 (1) **방지**: 어떤 일이나 현상이 일어나지 못하게 막음.
　(2) **의논**: 어떤 일에 대하여 서로 의견을 주고받음.
　(3) **제안**: 안이나 의견으로 내놓음. 또는 그 안이나 의견.

2 '꽃집'은 '꽃'과 '집'이 합쳐져서 만들어진 낱말입니다.

3 차들이 늘어서 있다는 내용에 어울리는 관용어는 '꼬리에 꼬리를 물다'입니다.

1 (2) ○   **2** ③   **3** ④   **4** 인터넷   **5** (1) **1**, **2**
(2) **3**, **4**   **6** ③, ④, ⑤   **7** ④   **8** (1) 예 대중 매체
를 소개해요 (2) 예 『어린왕자』를 추천합니다

1 오락 수단이 되기도 하는 대중 매체의 역할에 대하여 설명한 문장이므로, (2)와 같이 고쳐 써야 합니다.

2 글 **가**의 **3**문단은 대중 매체의 발달 과정에 대해 설명하였습니다.

3 글 **가**의 **5**문단에서 대중 매체에서 얻은 정보를 무조건 믿지 말고, 반드시 그 정보가 맞는지를 따져 보아야 한다고 하였습니다.

4 글 **나**는 『어린왕자』의 내용과 특징에 대하여 소개하고 책의 가치를 평가하여 쓴 서평으로, 인터넷 매체를 활용하여 썼습니다.

> 자세하게

> **서평**: 등장하는 인물이나 책의 줄거리, 책을 쓴 작가에 대하여 소개하는 내용과 책을 읽은 소감, 책의 내용이나 가치에 대한 평가 등을 쓴 글입니다.

5 **1**은 책에 대한 간단한 정보를, **2**는 책의 내용을 소개한 부분입니다. **3**은 책에 나온 표현이나 책의 그림에 대하여, **4**는 책을 읽은 전체적인 느낌에 대하여 쓴 부분입니다.

6 글 **나**의 **3**과 **4**에서 '책벌레'가 『어린왕자』에 대해 어떤 평가를 내렸는지 정리해 봅니다.

7 '툴툴마녀'가 어린왕자의 순수한 모습이 떠오른다고 한 부분, '마음을 울린 소설'이 『어린왕자』를 읽을 때마다 순수한 아이의 마음으로 돌아가는 것 같아 좋다고 한 부분에서 ④와 같은 사실을 짐작할 수 있습니다.

8 글 **가**는 대중 매체의 뜻과 종류, 발달 과정, 역할, 이용할 때 주의할 점에 대하여 소개하는 글이고, 글 **나**는 『어린왕자』의 내용과 특징을 소개하고 그 책을 읽은 느낌, 책에 대한 평가 등을 쓴 서평입니다.

1 (1) 민들레, 감자를 심는 사람 (2) 어머니의 목소리
2 ③   **3** (3) ○   **4** ㉰   **5** ④, ⑤   **6** 지수
7 예 바람 따라 춤추는 나비 / 지팡이 짚은 할머니

> 어휘력 강화   **1** (1) 울타리 (2) 하천 (3) 반듯하게   **2** ④
> **3** (2) ○

1 ㉠에서 구부러진 길을 가면 나비의 밥그릇 같은 민들레와 감자를 심는 사람을 만날 수 있고, 날이 저물면 울타리 너머로 밥 먹으라고 부르는 어머니의 목소리를 들을 수 있다고 하였습니다.

2 이 시에서 '구부러진 길처럼 살아온 사람'은 삶의 온갖 어려움을 견디어 낸 사람, 가족과 이웃을 품는 사람을 표현한 말입니다.

3 힘들지만 희망을 잃지 않고 다른 사람과 함께 살아가는 삶을 살고 싶다는 이 시의 주제가 잘 드러난 부분은 (3)입니다.

4 ㉮와 ㉯는 이 시의 내용과 관계없는 장면입니다.

5 반듯한 길 쉽게 살아온 사람보다 가족과 이웃을 품고 가는 구부러진 길 같은 사람이 좋다는 것에서 따뜻함과 평온함을 느낄 수 있습니다.

6 소연이와 민규는 이 시의 내용과 관계없는 생각이나 느낌을 말하였습니다.

7 구부러진 길을 걸으면 무엇을 만날 수 있을지 생각해 보고, 시의 내용에 어울리게 일부분을 바꾸어 써 봅니다.

> 어휘력 강화

1 (1) **울타리**: 풀이나 나무 따위를 얽거나 엮어서 담 대신에 경계를 지어 막는 물건.

2 '봄비'는 '봄+비', '논밭'은 '논+밭', '볶음밥'은 '볶음+밥', '밤나무'는 '밤+나무'로 나눌 수 있습니다.

3 '구불구불 구부러진 삶'은 인생의 굴곡을 이겨 낸 삶을 표현한 말이므로, 우여곡절(迂 멀 우 餘 남을 여 曲 굽을 곡 折 꺾을 절)을 겪은 삶을 의미한다고 볼 수 있습니다.

88~91쪽

1 ① **2** ⑤ **3** 그 당시에 태엽의 힘을 이용한 자동차를 생각해 내었다니 무척 놀랍고 신기하다. **4** ①
5 (1) 4 (2) 2 (3) 3 (4) 5 (5) 1 **6** 경민 **7** (3) ○

어휘력 강화 **1** (1) **시초** (2) **보급** (3) **불과하다** **2** ④
3 (1) ○

1 자동차가 변하여 온 과정에 대해 설명한 글입니다.

2 바람의 방향이 일정하지 않은 것이 풍력 자동차에 어떤 영향을 주었을지 짐작해 봅니다.

3 ②문단의 두 번째 문장에 레오나르도 다빈치에 대한 글쓴이의 생각이 드러나 있습니다.

4 ⊙은 '지금 바로.'라는 뜻의 '금시에'가 줄어든 말로 '금세'라고 써야 합니다.

5 ②~⑤문단을 읽고 레오나르도 다빈치가 생각해 낸 태엽 자동차부터 환경을 파괴하지 않는 친환경 자동차까지 자동차가 발전한 순서대로 정리해 봅니다.

6 ④문단에 자동차가 사람들에게 널리 보급된 까닭은 자동차 생산 공정에 컨베이어 벨트를 들여오면서 자동차 대량 생산이 가능해졌고, 자동차 가격도 떨어졌기 때문이라고 나와 있습니다.

7 자율 주행 자동차의 장점과 단점을 알기 위해 찾아보면 좋을 자료는 (3)입니다.

어휘력 강화

1 (1) **시초**: 맨 처음.
 (2) **보급**: 널리 펴서 많은 사람들에게 골고루 미치게 하여 누리게 함.
 (3) **불과하다**: 그 수준을 넘지 못한 상태이다.

2 **떨어지다**: 값, 기온, 수준, 형세 따위가 낮아지거나 내려가다.

3 자동차 생산 공정에 컨베이어 벨트가 도입되면서 근로자들과 자동차 회사 모두 이익을 얻었다는 내용과 관계있는 사자성어는 '일거양득(一 하나 일 擧 들 거 兩 두 양 得 얻을 득)'입니다.

92~95쪽

1 헌법 재판소 어린이 헌법 교실 **2** ④ **3** (3) ○
4 ㉯ **5** ㉮ **6** ③, ⑤ **7** (3) ×

어휘력 강화 **1** (1) **조기** (2) **발송했다** (3) **구축하기로**
 2 ④ **3** (2) ○

2 헌법 재판소가 '어린이 헌법 교실'을 개최한 까닭은 어린이들에 대한 헌법 교육을 조기에 실시하는 것이 바람직하다고 생각하였기 때문입니다.

3 '눈높이 헌법 교육'이란 '어린이 헌법 교실'에 참가하는 어린이의 눈높이에 맞게 헌법 교육을 한다는 뜻입니다.

4 참가를 원하는 학생들이 지도 교사를 선정해야 한다고 하였습니다.

5 ㉯: 헌법 재판소 홍보 담당관실 이메일 주소로 신청합니다.
 ㉰: 전국 초등학교 4~6학년 학생들이 참가할 수 있습니다.
 ㉱: 헌법과 관련한 플래시, 게임, 노래뿐만 아니라 헌법 동화와 같은 새롭고 다채로운 내용을 추가로 제공합니다.

6 2014년에 어린이들에 대한 헌법 교육을 조기에 실시하는 것이 바람직하다고 생각하여 '어린이 헌법 교실'을 처음으로 열었는데 어린이들, 교사, 학부모들로부터 좋은 반응을 얻었다고 한 것에서 ③, ⑤와 같은 사실을 짐작할 수 있습니다.

7 학생들이 돌아가면서 학급 청소를 하는 것은 한쪽으로 치우치지 않고 모든 사람이 고르게 하는 것이므로, 평등권을 침해하는 행동이 아닙니다.

어휘력 강화

1 (1) **조기**: 이른 시기.
 (2) **발송하다**: 물건, 편지, 서류 따위를 우편이나 운송 수단을 이용하여 보내다.
 (3) **구축하다**: 어떤 일을 하기 위한 기초 또는 체계를 만들다.

2 '원하다'와 '바라다'는 뜻이 비슷한 낱말끼리 짝 지어진 것입니다.

3 모든 사람이 차별을 받지 않을 권리와 관계있는 속담은 '사람 위에 사람 없고 사람 밑에 사람 없다'입니다.

1 (3) ○   2 ⑤   3 **2**, **3**   4 ④   5 ㉱   6 민재
7 ④

어휘력 강화   1 (1) 제한된다 (2) 사정 (3) 제공하고

2 ②   3 ④

1 글쓴이는 대부분의 초등학교에서 급식을 먹을 때 학생들에게 성인용 수저를 제공하여 저학년 학생이 음식물을 섭취하기가 어렵고 행동이 제한되는 등의 불편을 겪는 것을 문제 상황으로 제기하였습니다.

2 성인용 수저가 너무 크고 길어서 불편을 겪는 초등학교 저학년 학생에게 아동용 수저를 제공해야 한다는 주장을 내세우는 글입니다.

3 **2**문단과 **3**문단에 초등학교 저학년 학생에게 아동용 수저를 제공해야 하는 까닭이 드러나 있습니다.

4 '오누이'는 오빠와 여동생을 아울러 이르는 말입니다.

5 ㉡을 통해 서울을 비롯하여 전국 대부분의 초등학교에서 학생들에게 성인용 수저를 제공하고 있다는 사실을 짐작할 수 있습니다.

6 민재는 글쓴이와 반대로 초등학교 저학년 학생들이 성인용 수저를 사용하는 것에 찬성하고 있습니다.

7 아동의 발달 단계에 알맞은 급식 기구를 사용해야 한다는 의견을 뒷받침하는 예로 알맞은 것은 ④입니다.

어휘력 강화

1 (2) **사정**: 일의 형편이나 까닭.
(3) **제공하다**: 무엇을 내주거나 갖다 바치다.

2 첫 번째 문장처럼 앞의 내용과 관련시키면서 다른 방향으로 바꿀 때, 두 번째 문장처럼 앞의 내용과 반대되는 내용을 이야기할 때 쓰는 이어 주는 말은 '그런데'입니다.

3 '숟가락을 들다'는 '식사하다'를 비유적으로 이르는 말입니다.

1 ①   2 ④   3 플라스틱 빨대   4 ③   5 ③   6 수혁
7 ①, ⑤

1 '전례'는 '이전에 있었던 사례.'라는 뜻의 낱말입니다. 따라서 전례가 없다는 말은 '이전에 없었던.'이라는 의미입니다.

2 글 **가**에는 지구 환경을 살리기 위해 우리가 생활 속에서 실천할 수 있는 일을 근거로 덧붙일 수 있습니다. ④는 지구 환경을 살리기 위해 실천할 일이 아닙니다.

3 광고 **나**에서는 바다 생물의 생명을 위협하는 플라스틱 빨대를 가리켜 '가장 가벼운 총'이라고 표현했습니다.

4 **가**는 병들어 가는 지구 환경을 살려야 한다는 의견을 주장하는 글이고, **나**는 플라스틱 빨대 사용을 줄여서 바다 생물과 함께 지구 환경도 살리자는 내용의 공익 광고입니다.

자세하게

공익 광고: 상품을 팔거나 개인의 이익을 위해서 만든 것이 아니라 기업이나 단체가 나라와 국민 전체의 이익을 위해 만든 광고입니다.

5 ①, ④, ⑤는 글 **가**에, ②는 광고 **나**에 제시된 문제의 해결 방안입니다.

6 에너지 소비 효율 등급이 높은 전자 제품을 사용하면 에너지를 절약할 수 있기 때문에 지구 환경을 살릴 수 있습니다.

7 광고 **나**에서는 한 해에 800만 톤의 플라스틱 빨대가 전 세계 바다에 버려져 바다 생물의 생명이 위협을 받고 있다고 하였고, 문제에 제시된 글에서는 올해 코로나 19로 인해 15억 개가 넘는 일회용 마스크가 전 세계 바다에 버려져 해양 생태계에 큰 위협이 될 것이라고 하였습니다. 이와 같은 내용을 통해 ①, ⑤와 같은 사실을 짐작할 수 있습니다.

1 ⑦ **2** ③ **3** (2) ○ **4** (땡땡이치는 가게가 있었던) 골목 **5** ② **6** 혜지 **7** 예) 다음 날 아침, 혜지는 또 학교 가기 싫은 척을 하여 땡땡이치는 가게에 들어갔어요. 그리고 계속 종을 쳤어요. 그러자 가게 문이 닫히지 않았고, 혜지는 재빨리 가게 안에 있는 친구들에게 밖으로 나가라고 소리쳤어요.

어휘력 강화 **1** (1) 시선 (2) 인자하게 (3) 천근만근
2 (1) ② ○ (2) ① ○ **3** (2) ○

1 ④: 이 글은 혜지가 등교할 때부터 하교할 때까지 겪은 일을 쓴 것입니다.
⑥: 일이 일어난 곳은 (땡땡이치는 가게가 있는) 골목 → 학교 → 골목으로 바뀌었습니다.

2 ㉠은 땡땡이치는 가게가 언제 생겼는지를 궁금해하는 혜지의 마음이 드러난 표현이고, ㉡은 학교 가기 싫은 것을 할머니가 정확하게 알고 있는 것에 놀라며 혜지가 한 말입니다.

3 땡땡이치는 가게에 들어간 아이들이 학교에 오지 않았습니다.

5 땡땡이치는 가게가 사라진 상황과 관계있는 속담은 '귀신이 곡할 노릇'입니다. '귀신이 곡할 노릇'은 신기하고 기묘하여 그 속내를 알 수 없음을 비유적으로 이르는 말입니다.

6 이 글에서 자신의 생각대로 행동한 인물은 혜지입니다. 혜지는 자신의 생각대로 땡땡이치는 가게에 들어가지 않고 학교에 갔습니다.

7 땡땡이치는 가게 안에 있을 친구들이 걱정된 혜지가 어떤 일을 했을지 자유롭게 상상하여 써 봅니다.

어휘력 강화

1 (1) **시선**: 눈이 가는 길. 또는 눈의 방향.
(2) **인자하다**: 마음이 너그럽고 따뜻하다.

2 (1) ●보기●와 같이 '눈'이 '빛의 자극을 받아 물체를 볼 수 있는 감각 기관.'의 뜻으로 쓰인 것은 ②입니다.
(2) ●보기●와 같이 '다리'가 '사람이나 동물의 몸통 아래 붙어 있는 신체의 부분.'의 뜻으로 쓰인 것은 ①입니다.

3 혜지의 언니가 억지로 학교로 향한 것과 관계있는 속담은 '울며 겨자 먹기'입니다.

1 국적 **2** ㉣ **3** 정해진 국적을 바꿀 수도 있습니다.
4 ① **5** (1) 표준 (2) 국토 (3) 생각 (4) 수정 **6** ㉼
7 효주

어휘력 강화 **1** (1) 갈등 (2) 변경 (3) 보장 **2** ③
3 (2) ○

1 이 글은 국적의 뜻과 국적을 정하는 기준, 국적 변경 등에 대해 설명하는 글로, 중심 낱말은 '국적'입니다.

2 ㉠ 뒤에 나오는 문장을 살펴봅니다. 미국이나 영국에서 태어난 사람은 부모의 국적과 상관없이 무조건 자신이 태어난 국가의 국적을 가진다고 한 것으로 보아, ㉠에는 '출생 국가'가 들어가기에 알맞습니다.

3 ❸문단의 첫 문장이 ❸문단의 내용을 대표하는 중심 문장입니다.

4 ❷문단에서 국적은 각 나라마다 정해진 법률에 의해서 정해지며, 국적을 정하는 기준에는 크게 두 가지가 있다고 하였습니다.

5 (1) **기준**: 기본이 되는 표준.
(2) **영토**: 한 국가의 땅.
(3) **의사**: 무엇을 하고자 하는 생각.
(4) **개정**: 주로 문서의 내용 따위를 고쳐 바르게 함.

6 ㉼의 내용은 ❷문단에 설명되어 있습니다. 우리나라와 같은 방법으로 국적을 정하는 나라에는 독일, 일본, 스위스 등이 있습니다.

7 미국이나 영국에서 태어난 사람은 부모님의 국적과 상관없이 자신이 태어난 국가의 국적을 가지므로, 효주는 영국 국적입니다.

어휘력 강화

1 (1) **갈등**: 서로 생각이 달라 부딪치는 것.
(2) **변경**: 다르게 바꾸어 새롭게 고침.
(3) **보장**: 어떤 일이 어려움 없이 이루어지도록 조건을 마련하여 보증하거나 보호함.

2 '국민, 개인, 보호, 자유'는 모두 한자어입니다.

3 시간이 지나면 많은 것이 달라지는 것 같다는 내용에 어울리는 속담은 '십 년이면 강산도 변한다'입니다.

1 ① 2 ③ 3 ③ 4 ⑶ ○ 5 ⑶ ○ 6 태영
7 ㉰

어휘력 강화 1 ⑴ 왕성한 ⑵ 부유한 ⑶ 공존
2 축구, 야구 등과 같이 3 ⑵ ○

1 백남준은 세계 최초로 비디오 예술을 선보인 작가로, 인공위성을 활용한 예술 작품을 발표했습니다.

2 ③ '경고를 받다'는 조심하거나 삼가도록 미리 주의를 준다는 뜻으로, 관심을 받고 주의 깊게 살핌을 받는다는 뜻의 '주목을 받다'와는 다른 뜻입니다.

3 4 문단은 백남준이 사람들에게 어떤 평가를 받는지에 대해 설명한 부분입니다.

4 ⑶에 백남준이 인공위성을 활용하여 작품을 발표한 것에 대한 글쓴이의 생각이 드러나 있습니다.

5 백남준이 1988년 서울 올림픽을 기념하여 텔레비전 여러 대를 이어 만든 「다다익선」은 ⑶입니다.

6 백남준은 새로운 예술을 선보이기 위해 인공위성이나 텔레비전 등을 활용하여 예술 작품을 발표하였으므로, 예술보다 과학에 더 관심이 많았던 것은 아닙니다.

7 백남준은 매체와 인간이 어떻게 공존해야 할지 상상하고 이를 예술로 표현하였다고 하였으므로, ㉰는 백남준을 표현한 말로 알맞지 않습니다.

어휘력 강화

1 ⑴ **왕성하다**: 한창 성하다.
⑵ **부유하다**: 재물이 넉넉하다.

2 '등'은 그 밖에도 같은 종류의 것이 더 있음을 나타낼 때 쓰는 말로 앞에 나온 낱말과 띄어 써야 합니다.

3 백남준이 매체를 이용한 실험적이고 창의적인 예술을 선보여 미술계에 새로운 영향을 미쳤다는 내용의 문장이므로, 빈칸에 들어갈 관용어는 '바람을 일으켰다'가 알맞습니다.

1 ④ 2 ① 3 ④ 4 ⑵ ○ 5 ⑤ 6 ⑤ 7 주혁

어휘력 강화 1 ⑴ 섭취 ⑵ 유지 ⑶ 적응 2 ①
3 ⑶ ○

1 면역력을 높여야 한다는 글쓴이의 주장이 담긴 글로, 중심 낱말은 '면역력'입니다.

2 글쓴이는 질병을 예방하고 건강하게 지내기 위해 우리 몸의 면역력을 높여야 한다고 주장하였습니다.

3 글쓴이가 면역력을 높이기 위해 일상생활에서 실천할 수 있는 일로 든 것을 정리해 봅니다.

4 '규칙적인 운동을 합니다.'가 주장과 관련 있는지, 주장을 설득력 있게 뒷받침하고 있는지, 믿을 수 있는 사실인지 바르게 판단한 것은 ⑵입니다.

5 찬물을 마시면 체온이 떨어지고 혈액 순환이 잘 안 되며 소화기 기능까지도 약해져 면역력을 높이는 데 도움이 되지 않는다고 하였습니다.

6 ㉡은 '원래의 상태로 돌이키거나 원래의 상태를 되찾기.'라는 뜻의 '회복하기'로 고쳐 써야 합니다.

7 면역력을 높이기 위해서는 밤에 잠을 충분히 자야 한다고 하였습니다. 하지만 주혁이는 오랫동안 낮잠을 잤으므로, 바르게 행동한 친구가 아닙니다.

어휘력 강화

1 ⑵ **유지**: 어떤 상태나 상황을 그대로 보존하거나 변함없이 계속하여 지탱함.
⑶ **적응**: 어떠한 조건이나 환경에 익숙해지거나 알맞게 변화함.

2 '해롭다'와 '이롭다'는 뜻이 반대되는 낱말입니다.
• **해롭다**: 해가 되는 점이 있다.
• **이롭다**: 이익이 있다.

3 건강을 잃고 난 뒤에는 후회해도 소용이 없다는 내용에 어울리는 속담은 '소 잃고 외양간 고친다'입니다. '소 잃고 외양간 고친다'는 일이 이미 잘못된 뒤에는 바로잡으려고 애써도 소용이 없다는 말입니다.

1 (1) 1 (2) 2 (3) 3 (4) 5 (5) 4　**2** ②　**3** ㄹ　**4** (2) ×

5 발견하였다　**6** ⑤　**7** (1) **예** 위대한 영화 음악 작곡

가, 엔니오 모리코네 (2) **예** 따라쟁이 신경 세포, 거울 신

경　**8** 태경

1 엔니오 모리코네가 어렸을 때 아버지에게 악보 보는 법을 배운 뒤부터 전 세계의 수많은 영화 음악을 만들어 내기까지 한 일을 차례대로 정리하면 (1) → (2) → (3) → (5) → (4)입니다.

2 클래식 작곡가의 길을 꿈꾸었던 엔니오 모리코네가 생활고 때문에 이탈리아 국립 라디오 방송국에서 일하면서 클래식 음악이 아닌 다른 음악을 만들기 시작했다고 하였으므로, ㉮에는 ②가 들어가기에 알맞습니다.

3 ㉣에 엔니오 모리코네가 한 일에 대한 글쓴이의 의견이나 평가가 드러나 있습니다. ㉠~㉢은 엔니오 모리코네가 한 일을 쓴 부분입니다.

4 ⑵ '겨울잠을 자는 동물의 종류'는 겨울잠을 자는 동물을 늘어놓는 짜임으로 쓰기에 알맞습니다.

> **자세하게**

> **순서 짜임과 나열 짜임:** 시간이나 공간의 순서에 따라 설명하는 글의 짜임을 '순서 짜임'이라고 하고, 하나의 주제에 대하여 몇 가지 특징을 늘어놓는 글의 짜임을 '나열 짜임'이라고 합니다.

5 '발명하다'는 '아직까지 없던 기술이나 물건을 새로 생각하여 만들어 내다.'라는 뜻의 낱말입니다. 리촐라티 교수와 연구팀은 뇌 속에 거울 신경이라는 세포가 있다는 것을 찾아내었으므로, '발견하였다'로 고쳐 써야 합니다.

6 어떤 행동을 직접 할 때와 같은 행동을 하는 사람을 보고만 있을 때에도 신경 세포(거울 신경)가 같은 반응을 한다고 하였습니다.

7 글 **가**는 세계적인 영화 음악 작곡가인 엔니오 모리코네의 일생과 업적에 대하여 쓴 전기문이고, 글 **나**는 다른 사람의 행동을 보고 따라 하거나 다른 사람의 감정을 똑같이 느끼게 하는 신경 세포인 거울 신경에 대하여 설명하는 글입니다.

8 엔니오 모리코네가 산타 체칠리아 국립 음악원에 입학한 것은 다른 사람의 행동을 따라 하거나 다른 사람의 감정을 똑같이 느낀 것과는 관계가 없으므로, 거울 신경이 작용했다고 볼 수 없습니다.

1 ①　**2** (3) ○　**3** ①　**4** ④　**5** ③　**6** (4) ○

7 세준

> **어휘력 강화**　**1** (1) 들어 (2) 포기 (3) 헛일　**2** 잡혔다
>
> **3** (1) ○

1 이 시는 '내'가 배추를 심고 가꾸고 수확하면서 생각하거나 느낀 점을 표현한 것으로, 중심 글감은 '배추'입니다.

2 '내'가 배추에게도 마음이 있는 것 같다고 생각한 까닭은 배추가 '나'의 마음을 아는 것처럼 튼실하게 자라 배추벌레에게 반 넘어 먹히고도 속이 꽤 찼기 때문입니다.

3 ㉠은 배추가 배추벌레를 위해 자신의 잎을 반 넘게 희생한 것을 표현한 부분입니다.

4 '배추 풀물이 사람 소매에도 들었나 보다.'는 배추와 사람이 서로의 감정이나 생각을 느끼면서 하나가 되었다는 뜻의 말입니다.

5 배추와 같은 작은 생명도 소중히 여기는 '나'의 따뜻한 마음이 느껴지는 시입니다.

6 이 시의 주제는 '생명을 소중히 여기는 마음'입니다.

7 ㉮는 농약 없이 배추를 키웠더니 배추가 잘 자라지 않았다는 내용을 표현한 부분으로, '나'의 후회하는 마음이 드러나 있지는 않습니다.

> **어휘력 강화**

1 (1) **들다:** 물감, 색깔, 물기, 소금기가 스미거나 배다.
　(2) **포기:** 뿌리를 단위로 한 풀이나 나무를 세는 단위.

2 '잡았다'를 '달아나거나 떠나지 못하게 붙들렸다.'라는 뜻의 '잡혔다'로 바꿔 써야 합니다.

3 배추와 사람의 마음이 통하는 것 같다는 내용에 어울리는 사자성어는 '물아일체(物 만물 물 我 나 아 一 하나 일 體 몸 체)'입니다. '물아일체'는 '외부 사물과 자신, 또는 물질세계와 정신세계가 어울려 하나가 됨.'이라는 뜻의 사자성어입니다.

1 ④　**2** 일반적인 방법으로 원하는 장면을 촬영할 수 없을 때, 실제 촬영하기에는 너무 많은 비용이 들 때, 위험한 장면을 찍을 때 등　**3** ⑤　**4** ②　**5** ①　**6** ㉮
7 (1) ○

어휘력 강화　**1** (1) 실감　(2) 첨단　(3) 원격　**2** ②
　　　　　　　3 (1) ○

1 영화나 드라마 등에 사용된 특수 효과에 대해 설명하는 글입니다.

3 ㉠과 같이 '어떤 대상을 촬영기로 비추어 그 모양을 옮기다.'의 뜻으로 쓰인 것은 ⑤에 나온 '찍다'입니다.

4 ㉡ 앞부분에 있는 내용(특수 효과는 일반적인 방법으로 원하는 장면을 촬영할 수 없을 때, 실제 촬영하기에는 너무 많은 비용이 들 때, 위험한 장면을 찍을 때 등에 사용된다는 것)으로 보아, ㉡에 들어갈 말이 '안전합니다'임을 짐작할 수 있습니다.

5 ❹문단에서 건물의 화재 장면은 미니어처를 이용하여 만든다고 하였습니다.

6 이 글의 중요한 내용은 특수 효과의 뜻과 특수 효과의 종류입니다. 따라서 ㉮가 글의 중요한 내용을 간추린 것으로 알맞습니다.

7 비행기 추락 장면을 찍을 때 실제로 비행기를 만들어 추락시키면서 촬영하기는 어려우므로, 비행기를 미니어처로 만든 뒤 촬영하는 것이 효과적입니다.

어휘력 강화

1 (1) **실감**: 실제로 체험하는 느낌.

2 '거대하다'는 '엄청나게 크다.'라는 뜻의 낱말로, '크다'와 뜻이 비슷합니다. '많다'는 '수효나 분량, 정도 따위가 일정한 기준을 넘다.'라는 뜻의 낱말입니다.

3 특수 효과 기술은 날이 갈수록 향상되고 있다는 내용에 어울리는 사자성어는 '일취월장(日 날 일 就 나아갈 취 月 달 월 將 장수 장)'입니다. '일취월장'은 '일장월취(日 날일 將 장수 장 月 달 월 就 나아갈 취)', '일진월보(日 날 일 進 나아길 진 月 달 월 步 걸음 보)'와도 바꾸어 쓸 수 있습니다.

---

1 물에 대한 깊이 있는 정보를 얻기 위해　**2** ②
3 (1) 1　(2) $\frac{2}{3}$　**4** ①　**5** ①, ④, ⑤　**6** 우리가 사용할 수 있는 물의 양이 매우 적다는 것을 깨달았고, 물을 아끼기 위해 노력해야겠다고 다짐했다.　**7** (2) ○
8 ⑩ 물 부족 문제를 겪고 있는 나라에 깨끗한 물을 보내 줍시다.

어휘력 강화　**1** (1) 집중됐다　(2) 부족　(3) 예측했다
　　　　　　　2 (1) 덮다　(2) 덥다　**3** (1) ○

1 글쓴이는 물에 대한 깊이 있는 정보를 얻기 위해 물 환경 연구 센터를 견학하였습니다.

2 물 부족 문제를 해결하기 위해 해수 담수화 사업을 하고 있다는 내용으로 보아, '민물'을 '담수'와 바꾸어 쓸 수 있음을 알 수 있습니다.

4 ㉡을 통해 우리가 생활에서 실제 쓸 수 있는 물의 양이 더 줄어들고 있다는 사실을 짐작할 수 있습니다.

5 기후 변화로 인한 가뭄, 대도시에 집중된 인구의 물 소비량 증가, 산업 발달로 인한 수질 오염 등으로 물 부족 문제가 더 심해지고 있다고 하였습니다.

6 글쓴이가 물 환경 연구 센터를 견학하고 쓴 느낀 점이나 감상을 찾아 씁니다.

7 글의 내용과 가장 관계있는 자료는 (2)입니다.

8 물이 부족한 나라에 사는 사람들이 물을 쉽게 구하지 못해 여러 가지 어려움을 겪고 있다는 문제를 해결할 방안을 써 봅니다.

어휘력 강화

1 (1) **집중되다**: 한곳이 중심이 되어 모이다.
　(2) **부족**: 필요한 양이나 기준에 미치지 못해 충분하지 아니함.
　(3) **예측하다**: 미리 헤아려 짐작하다.

2 (1) **덮다**: 무엇이 드러나거나 보이지 않도록 다른 것을 얹어서 씌우다.
　(2) **덥다**: 대기의 온도가 높다.

3 '무쇠도 갈면 바늘 된다'는 끊임없이 노력하면 어떤 어려운 일도 이룰 수 있다는 뜻으로, 비슷한 속담으로는 '낙숫물이 댓돌을 뚫는다'가 있습니다.

1 ③　　2 ⑴ 일기 검사는 인권을 침해하는 것이다.
⑵ 선생님께서 일기를 검사하시면 일기를 쓴 아이의 고민이나 비밀을 아시게 되기 때문이다.　3 ④　4 ③, ⑤
5 ⑶ ○　6 ⑤　7 지성

어휘력 강화　1 ⑴ 침해하는　⑵ 검사하는　⑶ 지적하는
　　　　　　　2 ⑴ 나아졌다　⑵ 처리한다　3 ⑵ ○

1　찬성편과 반대편 모두 '일기 검사는 인권을 침해한다'라는 토론 주제에 대해 각각 주장과 근거를 말하였습니다.

2　찬성편 1이 말한 주장과 근거를 정리하여 씁니다.

3　찬성편 1은 ⓒ을 뒷받침하기 위하여 국가 인권 위원회의 한 관계자의 의견을 제시하였습니다.

4　ⓒ과 같이 '지도'가 '선생님이 학생에게 공부나 바른 생활을 가르침.'의 뜻으로 쓰인 것은 ③과 ⑤입니다.

5　일기를 검사하는 것은 인권을 침해하는 것이 아니라는 주장에 덧붙일 근거로 알맞은 것은 ⑶입니다.

6　반대편 2는 찬성편의 주장에 대해 일기에 고민이나 비밀을 썼을 경우 선생님께서 일기를 검사하시면서 고민을 해결할 좋은 방법을 찾아 주실 수도 있다고 반박하였습니다.

7　희연이는 알맞지 않은 근거를 들어 가며 반대편 주장의 적절성을 판단하였습니다.

어휘력 강화

1　⑵ **검사하다**: 사실이나 일의 상태 또는 물질의 구성 성분 따위를 조사하여 옳고 그름과 낫고 못함을 판단하다.
　⑶ **지적하다**: 잘못된 점이나 고쳐야 할 점을 가리켜 말하다.

2　⑴ **늘다**: 재주나 능력 따위가 나아지다.
　⑵ **해결하다**: 제기된 문제를 해명하거나 얽힌 일을 잘 처리하다.

3　빈칸에 들어갈 알맞은 사자성어는 서로 주장이나 의견이 달라 말로 옥신각신하는 모습을 나타내는 말인 '갑론을박(甲 갑옷 갑 論 논의할 론 乙 새 을 駁 얼룩말 박)'입니다.

1 바람　2 ㉣　3 ①　4 ①　5 ⑴ 샛바람
⑵ 하늬바람　⑶ 마파람　⑷ 된바람　6 ②, ④
7 해설 참조

1　**가**는 바람이 부는 모습을 재미있게 표현한 시이고, **나**는 바람의 이름과 종류에 대해 설명하는 글입니다.

2　글 **나**의 중요한 내용은 바람의 이름과 종류입니다.

3　말하는 이는 바람이 사람처럼 소리를 치며 몰려온다고 생각하여 ㉠과 같이 표현하였습니다.

자세하게

의인법: 사람이 아닌 동물, 식물, 사물을 사람처럼 말하고 행동하는 것으로 나타내는 표현 방법을 말합니다. 의인법을 사용하면 읽는 이가 대상을 더 재미있고 친근하게 느낄 수 있습니다.

4　교장 선생님의 모자를 벗기는 바람을 도깨비 같다고 생각한 부분, '나'의 저고리를 들치는 바람을 우습다고 생각한 부분 등에서 재미를 느낄 수 있는 시입니다.

5　동풍의 순우리말 이름은 '샛바람', 서풍은 '하늬바람', 남풍은 '마파람', 북풍은 '된바람'입니다.

6　① 밤이 되면 산 정상에서 골짜기로 바람이 붑니다.
　③ 계절풍이 생기는 까닭은 육지와 바다의 온도 차이 때문입니다.
　⑤ 우리나라는 여름철에는 바다에서 육지로 바람이 불고, 겨울철에는 육지에서 바다로 바람이 붑니다.

7　⑴
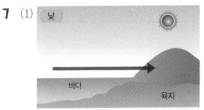
⑵

글 **나**에서 해안 지방의 낮에는 육지가 바다보다 따뜻해 바다에서 육지로 바람이 불고, 밤에는 바다가 육지보다 따뜻해 육지에서 바다로 바람이 분다고 하였습니다.

가로 세로 낱말 퀴즈

32쪽

❶곤	❷경			❸유	❹출
	우		❺신		연
		❻공	통	점	
	❾협		하		
❿노	력		❼다	❽행	
				사	

56쪽

❶문	❷화	재			
	롯		❺문	풍	❻지
	❸가	❹치			역
❼노		료			
출			❽성	장	
		분			

80쪽

❶식	은	땀			❷방
량				❸잡	지
		❹예			
❺영	상				❻활
	하		❼운	❽전	자
	다			달	

104쪽

❶제	한			❸사
공			❹공	정
❷하	천		문	
다		❺운		
		❻발	송	❽시
	❼생	명		초

128쪽

	❷왕		❸시	❹선
❶구	성	원		언
	하	❺인	정	
	다	공		❾갈
❼가		❻지	위	등
❽명	성	성		

152쪽

❶인	❷권		❸해	안
	리		결	
❹집				❻풀
❺중	심		❼농	작	물
			경	
❽저	수	지		

쉬어가기

기적의 학습서
오늘도 한 뼘 자랐습니다.

기적의 공부방에서 함께 공부해요!

길벗스쿨 공식 카페 〈기적의 공부방〉
http://cafe.naver.com/gilbutschool

★지금 가입하면 누릴 수 있는 3가지!

1 꾸준한 학습이 가능해요!

- 스케줄 관리를 통해 책 한 권을 끝낼 수 있는 **학습단**에 참여해 보세요!
- 도서 관련 **학습 자료**와 **선배 엄마들의 노하우**를 확인할 수 있어요!
- 궁금한 것이 있다면 **Q&A 서비스**를 통해 카페지기와 선배 엄마들의 답변을 들을 수 있어요!

2 책 기획 과정에 참여해요!

- **독자기획단**을 통해 전문 편집자와 함께 아이템 선정부터 책의 목차, 책의 구성 등을 함께 만들어가요!
- 출간 전 도서를 체험해 보는 **베타테스트**를 통해 도서의 장/단점을 파악하여 더 나은 도서를 만드는 데 기여해요!

3 재미와 선물이 팡팡 터져요!

- 매일 새로운 주제로 엄마들과 **댓글 이야기**를 나누고 간식도 받아요!
- 매주 카페 **활동왕**을 선정하여 푸짐한 상품을 드려요!
- 사진 콘테스트 등 매번 색다른 **친목 이벤트**로 재미와 선물을 동시에 잡아요!

기적의 공부방은 엄마표 학습을 응원합니다!